草根神话 系列丛书

穿出来的魅力

安 健/编著

中国出版集团 现代出版社

图书在版编目(CIP)数据

穿出来的魅力 / 安健编著. —北京：现代出版社，2013.5(2021.8重印)

（草根神话）

ISBN 978-7-5143-1545-5

Ⅰ.①穿…　Ⅱ.①安…　Ⅲ.①成功心理—通俗读物

Ⅳ.①B848.4-49

中国版本图书馆CIP数据核字(2013)第078854号

编　　著	安　健
责任编辑	刘　刚
出版发行	现代出版社
通讯地址	北京市安定门外安华里504号
邮政编码	100011
电　　话	010-64267325 64245264(传真)
网　　址	www.xdcbs.com
电子邮箱	xiandai@cnpitc.com.cn
印　　刷	北京兴星伟业印刷有限公司
开　　本	700mm×1000mm 1/16
印　　张	12
版　　次	2013年5月第1版　2021年8月第3次印刷
书　　号	ISBN 978-7-5143-1545-5
定　　价	32.00元

前言

　　读小学时的一首诗至今仍然不时地回荡在记忆里，那就是白居易的《草》："离离原上草，一岁一枯荣。野火烧不尽，春风吹又生。"野草具有顽强的生命力，它是斩不尽锄不绝的，只要残存一点根须，来年就能重新发芽，很快蔓延原野。那草正是胜利的旗帜，烈火再猛，也无奈那深藏地底的根须，不管烈火怎样无情地焚烧，一旦春风化雨，又是遍地青青的野草，野草的生命力是多么的顽强！

　　野草因其平凡而具有顽强的生命力；野草是阳光、水和土壤共同创造的生命；野草看似散漫无羁，但却生生不息，绵绵不绝；野草永远不会长成参天大树，但野草却因植根于大地而获得永生。野草富有民众精神，它甚至于带着顽固的人性弱点。草根具有强大的凝聚力，更具有强大的生命力和独立性。草根代表着这样一群人：他们知道自己很优秀，眼界比别人宽，舞台比别人大，但是他们简单，低调，很热爱身边的每个人，不自大，很快乐地骄傲着。他们来自祖国各地，聪明程度毋庸置疑，但仅有聪明是不够的。尽管他们曾经踌躇满志，但前路是遥远而坎坷的。或者因洁身自好，或者因厌倦红尘，或者因能力不够，或者是命运的捉弄，最终并非每个人都会站在时代的巅峰，也并非每个人都愿意站在时代的巅峰。从他们身上，我们也看得出社会对我们的期许，这就足够了。

对大多数青年而言，上大学是成才和进步的最佳路径，但由于环境和个人因素的诸多制约，不少人的大学梦往往止步于虚幻的梦想阶段，他们对于拥有知识、成就自我的热望，也就此沉淀在琐屑的劳作里。高等教育在一定程度上制约了社会群体的流动，也可能让部分人丧失努力和奋斗的勇气。其实，草根才是主流，草根人物的辉煌人生才是真正的神话。草根人物对自己内心观察和发展前途的思考是什么？草根人物崛起之路的底蕴是什么？草根人物的发展方向和步骤是什么？本书从人生起伏视角发掘古今中外草根人物的困惑和崛起根源，探讨草根人物的创业思路和发展方法，求证草根人物成功的秘密所在。旨在通过草根人物的传奇人生，深刻地解读他们的成功细节，是一部真正意义上的草根人生百科全书。

本书以专业独特的视角，轻松幽默的笔触，为你还原一个个古今中外草根人物的别具一格的传奇人生，深度解读他们成功路上的呐喊、彷徨和成就，为你带来一种真正意义上的心灵震撼之旅。

尽管我们付出了诸多的辛苦，然而由于时间紧迫和编者的能力所限，书稿错讹之处在所难免，敬请各方面的专家学者和广大读者批评指正，我们将不胜感激！

编　者

2012年11月

目 录

第七章 雅戈尔的财富传奇

第八章 成功不可复制——陈中怀

第九章 挖掘大肚子经济的男人

第十章 华服大师曾凤飞的传奇

开篇　草根的神话

草根的含义

"草根"直译自英文的grass roots。

有人认为它有两层含义:一是指同政府或决策者相对的势力,这层含义和意识形态联系紧密一些;二是指"草根阶层",人们平常说到的一些民间组织,非政府组织等一般都可以看作是"草根阶层"。

"草根"一词的来源

有学者把非政府组织(也称为非官方组织,即NGO)称作草根性人民组织;另一种含义是指同主流、精英文化或精英阶层相对应的弱势阶层。比如一些不太受到重视的民间、小市民的文化、习俗或活动,等等。

从各种文章来看,实际应用中的"草根文化"的含义远比以上的解释来得丰富。

至少"无权"还是草根的特征之一。

网络也应该是一种草根文化(grass-rooted culture),它所能表述的是一种非主流、非正统、非专业或曰爱好者,甚至纯然出自民间草泽的人所构成的群体,他们使之区别于正统的主流的声音,有其独立存在的理由和独特优势。

还有另一种解释为出自民众的人:草根英雄,草根明星。

"草根"的说法产生于19世纪美国寻金热流行期间,盛传有些山脉土壤表层、草根生长的地方就蕴藏黄金,即英文grass roots。

"草根"在网络和现实中的解释可以说很全面。每一篇都谈到了"草根"及其来源,英语、汉语的解释,也都承认最早是流行于美国,而后在20世纪80年代传入中国,又被赋予了更深的含义,在各领域都有其对应的词语。

正如"Do News"(IT新媒体资讯平台)的创建者刘韧在其博客《草根的感激》中说的一样:"草根是相对的。"

有一种说法叫"合群之草,才有力量"。这句话有两种解释:

第一就是不要孤芳自赏,要主动合作。

第二是人多力量大,团队合作的重要性,一棵草是永远也长不成参天大树的。

"草根"人物及其性格特点

草根的特点

近年来文化研究,学人多有引用"草根"一说者。野草因其平凡而具有顽强的生命力。

野草是阳光、水和土壤共同创造的生命;野草看似散漫无羁,但却生生不息、绵绵不绝;野草永远不会长成参天大树,但野草却因植根于大地而获得永生。

草根代表着这样一群人

他们知道自己很优秀,眼界比别人宽,舞台比别人大。但是他们简单,低调,很热爱身边的每个人,不自大,很快乐地骄傲着。

野草富有民众精神,它甚至带着顽固的人性弱点,草根性具有强大的凝聚力,更具有强大的生命力和独立性。

"草根"人物主要有以下两个

特点：

第一，顽强。应该是代表一种"野火烧不尽，春风吹又生"的生命力；

第二，广泛。遍布每一个角落。所以，每一个在自己键盘上坚持更新的Blogger(写博客的人，亦称博主)都是草根。

在我们身边有这样一群人：他们知道自己很优秀，眼界比别人宽，舞台比别人大。但是他们简单、低调，很热爱身边的每个人，不自大，很快乐地骄傲着。

人们都喜欢艺术家，那种提法怎么说呢，对人民艺术家来说，这个帽子足够大吧。

但是现在的娱乐界，尽管人人都喜欢被称为艺术家，但有些明星只能叫娱乐人，却不能叫艺术家。

草根英雄赵本山

身为尽人皆知的草根英雄，赵本山无疑是位值得尊敬的艺术家。20世纪80年代，赵本山与潘长江在沈阳北市大戏院演出《大观灯》，一演就是上百场，创造了演出奇迹。

如今已经成腕的赵本山在演出时还是一丝不苟。

在很多人的眼里，赵本山跻身艺术家的理由显然充足，通过东北二人转这个东北三省人民的娱乐方式和精神母体发扬光大，同时将中国小品玩味到极致。

其实，英雄莫问出处，赵本山更值得人尊敬的在于当草根成了英雄后，自身仍保持着草根情结，在事业做得游刃有余之时，反手对东北二人转来记"化骨绵掌"，揭开拥有近300年历史的二人转的那块羞答答的红盖头。

从东北二人转到赵氏小品再到影视剧，赵本山用一记装疯卖乐、假痴不癫大法，将东北语言和民间元素表现得淋漓尽致。

放眼时下娱乐界,能做到像赵本山这般对人性和社会现象予以自嘲的同时,对娱乐界进行解构和推进的,有几人呢?

毫无疑问,与假痴不癫相比,装疯卖乐更是一种人生大境界,没有几个人真正能够做到。

草根歌手李宇春

还有最受欢迎的草根歌手李宇春,她成功的一大标志是拥有着众多的"玉米"和人气。

当她登上美国《时代》周刊封面有人撰文说:"李宇春登上《时代》周刊封面,中国呼唤平民英雄。"

其实,2005年"超级女声"的火爆,和境内外媒体的煽风点火不无关联。

国内的主要报刊在6月份迅速跟进"超女"选题,有相当大一部分都是受到《今日美国》和《巴尔的摩太阳报》两份报纸的影响。

毕竟,在某种意义上,中国的影像工业造星乏术。尽管有若干影星占据银幕,也有少数摇滚歌手可以炒热体育场,但鲜有电视荧屏上的面孔能够真正出位,而这也正解释了为什么一个名叫李宇春的21岁四川女生会成为中国最受欢迎的流行歌手。

李宇春在湖南卫视那档类似"美国偶像"的歌唱比赛中胜出,并赢得了她独一无二的称号:"蒙牛酸酸乳超级女声"——这个节目吸引到了中国电视史上最大的观众群。

实际上,李宇春现象早已超越了她的歌声。李宇春所拥有的是态度、创意和颠覆了中国传统审美的中性风格。但是,李宇春确实拥有更多含义:她代表了张扬的个性,这就是她成为全国偶像的原因。

换言之,李宇春的个性特质是:其中性化的特点,在这个泛娱乐时代恰到好处地迎合了中性时代的到来。而李宇春其人的成功之处也在于,拥有自身的机遇,加之自身确实拥有一定的实力和努力,从而赶上了一个疯

狂的娱乐时代。

李宇春本人亦是借"超女"包装出来的,借"超女"疯出来的,借一帮娱乐粉丝抬出来的。

网络写手

正如同传统媒体和经纪公司捧出明星一样,网络媒体自被广泛认可以来,也不断地捧出一个个网络名人,网民是一个特殊的群体。70后的人群在2000年前后,是网络的主力军,他们中的很多人都很有才华,也颇具个性。因而,网络也捧出了大量的网络写手。

比如,2010年5月腾讯微博入驻过一位刚毕业的大学生,他用自己的亲身经历写出被新媒体、各大纸媒誉为中国首部最为经典的微小说《eilikochen京都生活记》,也被称为微小说创始人,他就是陈鹏。

年轻的他成为北漂的代表,腾讯微博粉丝数万。

《eilikochen京都生活记》是中国首部及时纪实性连载微小说,作者陈鹏先生从2010年5月开始在腾讯微博实时在线写作,随时接受网友的互动参与,陈鹏自己的故事或身边的见闻趣事随时有可能被作者写进微小说里,因此受到网友的热捧。

但人们追捧这部微小说,不仅仅因为它是国内外线上发表的第一部微小说,更因为这部小说道出了现代人心中对现实生活、对各类情感的困惑与迷惘。

《eilikochen京都生活记》已在腾讯微博独家网络在线发布,至今仍在连载已更新发表一百四十回。

草根族

在论坛和博客中,开展评论非常自由,工资低可以呼吁,房价上涨可以发发牢骚，出租车提价可以评论，特别是在论坛上彼此互动，你一言我一语，甚至争得不可开交，大家觉得很爽快。

"草根族"的评论有许多并没有石沉大海。

2003年，新华社首次披露中央高层领导对网络的重视看来"草根族"的评论并非人微言轻，"香草根"的"舆论场"作用，日益受到中南海高层的重视和肯定。

然而"草根族"中也有"毒草根"。个别网民编造的谣言之所以具有强大的杀伤力，当然与网络的传播特性有关。通过转帖、邮件、即时聊天工具发送等方式，一个查无实据的谣言很快就能覆盖数量广泛的人群，进而在社会上造成严重的影响。

> **草根族**
>
> 时下"草根族"这个称呼很盛行，据说"草根族"这个称呼最早来源于法国资产阶级大革命时期，是对社会底层的百姓的一种称呼。
>
> 现在其所指也是社会最下层——平民老百姓的意思。互联网的论坛和博客为"草根族"搭建了一个自由言论的平台，他们可以畅所欲言的谈天下、谈社会、谈热点、谈对一些政策的看法。

看来"草根族"中也有良莠之分，"草根族"在网络中应大力提倡自律，遵纪守法，自觉做促进社会主义文明的网民，共同创建健康的、积极向上的、文明的网络环境。

草根文化

"草根文化"是伴随着改革开放思想的解放、意识观念的革新、科技进步、市场经济发展、创新2.0的逐步展现引发的创新形态、社会形态变革及其带来的社会大众道德观念、爱好趣味、价值审美等变化出现的文化多样化的发展趋势，在民间产生的大众平民文化现象。

后来"草根"一说引入社会学领域，"草根"就被赋予了"基层民众"的

内涵。

社会学家、民俗学家艾君在"改革开放30周年解读"中认为，每一次思想的解放、社会变革和科教的进步，都会派生和衍生出一些特殊的文化现象。

它的出现体现出改革开放后文化的多样性特点，也可以从一定意义上反映出以阳春白雪占主流的雅文化的格局已经在承受着社会文化中的"副文化、亚文化"的冲击。

这种特殊的文化现象其实是社会民众的一种诉求表达，折射出社会民众的一种生活和消费需求，以及存在的心理需求。

它具有平民文化的特质，属于一种没有特定规律和标准可循的社会文化现象，是一种动态的、可变的文化现象。科学技术发展引发了创新形态、社会形态的变革，创新2.0也正在成为知识社会条件下的典型创新形态并影响社会的草根化进程。

Web2.0是创新2.0在互联网领域的典型体现，而Blog则无疑是Web2.0的典型代表。

博客提供给普通大众和媒体精英以及潜在媒体精英同样的发挥机会和展示的舞台。

既然媒体精英进入博客写作市场，那么在充分竞争之后，中国博客发展一定和美国的Blog反专业主义、反精英主义发展完全相反，所以中国的博客之后的发展，一定是继续精英化，而不是像在美国祖先一样草根化。

其实不用再多说什么了，那些指望通过BSP（博客服务托管商）的首页，给自己的blog带来流量的草根们，恐怕只好先把自己弄成精英再说了。

看看新浪推荐的优秀Blog，余华、张海迪、潘石屹、徐小平都属于精英博主。

不否认精英的影响力，实际上新浪正是在利用他们的这种影响力，来吸引草根们到它的网站上开blog，这会很有效果。

草根文化的定义

草根文化，属于一种在一定时期内由一些特殊的群体，在生活中形成的一种特殊的文化潮流现象，它实际是一种"副文化、亚文化"现象。

但互联网正在把影响力赋予那些以前不具有影响力的人，blog圈是条长长的尾巴，而每个blogger都是这个尾巴上的那么一点。这就是《纽约时报》所说的，"Every one is famous for 15 people"（每个人都可以在15个人中大名鼎鼎）。这15个人，可能包括你的恋人、朋友、同事，你对他们的影响力，可能远远超过那些精英们对他们的影响力。

比如，我告诉你应该看超女，你可能不会看，但你的女友告诉你应该看超女，你就真的看了。

作为管制而没有充分发展，实际上所有的管制都是一部分人对另一部分人的管制，一部分精英对另一部分精英话语权的剥夺。所以很多话只能在自己的Blog上说。

不过有的人不认为写Blog的人会是精英，只不过他的Blog的读者略多于其他Blog而已，但不会像《读者》那样拥有几百万读者。

从媒体的角度看Blog，它的读者总数正在快速增加。尽管每一个单独的Blog都很小众，但它们的读者再少，也一定会有最忠实的。

整个Blog圈的读者绝对是个可以跟任何媒体相抗衡的数字，这就是长尾的威力。

The First Grass Roots Festival

草根文化艺术节

管制几个精英很容易，但管制几百万Blogger很难。

因为再微弱的声音也有发出来的欲望和可能。门户网站用精英做招牌，目的还是吸引大量的草根。

Blog让草根不再只是充当衬托精英的背景，至少在15个人中，每个Blogger都是一个主角。

"草根文化"的现实意义

健康向上的"草根文化"会形成对主流文化的重要补充，但愚昧落后的"草根文化"无可否认也会对传统意义上的主流文化带来辐射、腐蚀和冲击。

改革开放三十多年来，"草根文化"的风起云涌，从一定意义看，丰富了人们的文化生活，补充了人们的精神需求，体现了文艺的"百花齐放，百家争鸣"，对主流文化进行了辅助和补充，使文艺体现出了真正的"雅俗共赏"之特点。但实际上对一些主流文化的普及和弘扬也是一种挑战。

任何的文化不能脱离了其社会价值和对社会发展所具有的责任，不能脱离了文艺的"二为"方向，"草根文化"因为其来自民间、来自生活，这些文化难免有的带有一定的糟粕和腐蚀性。

对待"草根文化"我们应该在"科学发展观"的指导下，剔除一些糟粕，尤其应该剔除那些对我国优秀的传统文化造成颠覆性的破坏较大的"草根文化"，倡导和发展那些群众所喜闻乐见又对社会发展有进步意义的"草根文化"。

总而言之，对待日趋泛滥的"草根文化"现象，我们应该以"三个代表"重要思想为指

> **博客的分类**
>
> 按照博客主人的知名度、博客文章受欢迎的程度，可以将博客分为名人博客、一般博客、热门博客等；按照博客内容的来源、知识版权，还可以将博客分为原创博客、非商业用途的转载性质的博客以及二者兼而有之的博客。

针,以"科学发展观"为指导,采取"批判吸收的鉴赏态度",认真领会认识"继承和发展的关系""扬和弃的关系""批判和吸收的关系",继承和发扬"草根文化"中那些有益的精神文化内容,批判和剔除那些对人的修养、道德建设以及对社会发展、人类进步有腐蚀作用的"劣质内容",让"草根文化"真正成为主流文化的重要补充,成为构建和谐社会、实现全民小康的一种社会动力和精神财富,成为一笔宝贵的文化遗产。

第一章　不走寻常路的周成建

人物名片

　　17岁时,他从一个农民工走向裁缝,靠的是聪明和果敢;28岁时,他做大自己的服装企业,靠的是眼光和勤奋;43岁时,他的企业上市,靠的是营销和管理;2009年44岁的周成建是,一家员工三千,资产过亿的企业老板。从农民到亿万富翁,做裁缝完成资本原始积累,像许多没有背景的私营企业家一样,周成建是靠自己艰苦奋斗完成的资本原始积累。

第一节　走近人物

个人简介

　　周成建,1965年出生,浙江省丽水市青田县石坑岭村人,知名休闲品牌"美特斯·邦威"的创始人。为了摆脱祖祖辈辈贫穷的命运,他从小就学会了裁缝手艺。1994年开始创立自己的品牌,1995年4月22日在温州解放剧院开设第一家"美特斯·邦威"专卖店,实行品牌连锁专卖经营。2005年带领美特斯·邦威集团实现销售收入30亿元。2008年,带领美特斯·邦威上市。荣登2009海南清水湾胡润百富榜第29名;2009胡润服装富豪榜第1名。

　　善于动脑筋的周成建注定要走别人没有走过的路。他在国内服装行业中率先运用"虚拟经营"策略,即把最核心的部分,包括产品设计、品牌推广和少量直营店握在手中,而将生产和销售外包,这在中国服装行业可谓独树一帜。

获得荣誉

第6届浙江省十大杰出青年;

2000年度首届中国服装界最有成就的企业家;

2001年度中国服装业十大领袖企业家;

2003中国新经济年度人物;

2009CCTV中国经济年度人物评选推举人;

2009年度最具影响力的25位企业领袖候选人;

2010年周成建家族排名胡润富豪榜总排名第25位,比2009年增长4位;

2010年周成建及其家族以财富216亿元连续三年蝉联"胡润服装富豪榜"首富。

社会职务

浙江省第十届人大代表;

上海市南汇区政协委员;

中国流行色行业协会副会长;

中国青年企业家协会常务理事;

上海市青年企业家协会副会长;

浙江省青年企业家协会副会长;

中国休闲服专业委员会副主任。

美特斯·邦威的故事

周成建总是说自己是个"喜欢将简单事情复杂化的人"。每天复制一大批衣服,然后再批发销售出去,三四年的时间,周而复始,周成建又觉得没意思了;这批发服装怎么就像菜市场卖菜一样,一天一个价格,如果改

做零售是不是更有意思呢？

这个念头在周成建的脑海里闪过，似乎没起什么太大的波澜。有一次，周成建从上海买了一件海螺牌衬衫穿着回到了温州，很多人就指着衬衫对周成建说：这可是名牌啊。

"我穿一个名牌大家一看就知道，而且这衣服比同质量的没牌子的要贵两倍以上。"周成建告诉记者，当时心中真正下定决心，树立一个自己的品牌。

1993年，美特斯制衣公司诞生，生产"邦威"品牌的服装，寓意扬国邦之威，可是事与愿违，那时如何运用品牌的想法似乎还很模糊，周成建在自己的服装上打的标签是"美特斯制衣"，却不见"邦威"二字，久而久之，人们知道了美特斯，却不知道"邦威"品牌。

此时正想进军零售行业的周成建决定去注册新的品牌——美特斯，然而却因同音太多而未成功。"于是干脆将错就错，把'美特斯'与'邦威'合并一起。"周成建说，那时整个温州大环境做生意没有一家不讨价还价，必须是讨价还价，可是这对于零售来说则是一大忌，"可我该怎么折腾呢？"简单的一件卖衣服的事情，到了周成建那里又变成了一件复杂的事情。

一开始，周成建采取了双保险举措，保留批发生意同时附带试水零售，并开辟了温州零售业的一大创举：明码公开成本价。1994年，开业当天，周成建公开店内所有服装的成本价，包括面料、纽扣、电费、税务等等，然后由消费者定价，只要高于成本价哪怕一元钱，都可以成交。

现场大大出人意料，"太疯狂了，原本只有一个门的小店，不得不将仓库的后门也打开，媒体也争相报道"。周成建说，所有的衣服全都卖掉，实

上市请来牛根生、王石

美邦成功上市，非常值得一提的是，企业界声名显赫的重量级人物——蒙牛集团董事长牛根生和万科集团董事长王石出现在美邦的独立董事名单中。王石一直是周成建的朋友，牛根生则是周成建在长江商学院的同学。"这两位名人都是有思想有智慧的长者，他们还有一个共性，就是把物质看得很平淡。"

在是太好了,利润远远超过了批发,美特斯·邦威也开始叫响。就这样,经过一年的批零兼营,美邦正式决定放弃批发,全面进军服装零售产业。

接下来的几年,美特斯·邦威的资产从百万迅速膨胀至数亿元,周成建开始在外界大谈自己的制胜秘诀:靠虚拟经营迅速扩大资本,用他自己的话说,这两招就是"借鸡生蛋"(定牌生产)和"借网捕鱼"(特许连锁经营)。

第二节　身价百万的裁缝路

曾因农民身份觉得矮人一等

1978年,小学毕业的周成建以数学第一名的成绩考上了县中学,但欢快的农村生活也随之渐渐消逝。

就因为是农民的孩子,他经常被欺负。一次,一个城里的孩子用圆珠笔扎他的后背,"足足有两三厘米深",周成建忆起当时的痛苦,脸部不禁扭曲。

"所有的原因就是因为农村人的身份,让人瞧不起,从那时起内心深处我一直很自卑,总觉得自己矮人一等似的,总觉得自己怎么做都很难得到别人的认同。"接受记者采访时的周成建丝毫不掩饰内心的真实想法,"但我性格中天生又有自傲的一面,越是自卑我就越想证明自己'我是行的'"。

这种信念支撑着周成建在今后的事业中,从来没有回过头,认准的事情,再大的困难也能克服。

"别人问我创业中有什么困难,我还真没觉得有什么困难,就算有瓶颈,觉得克服就是快乐。"

就因为想摆脱"农民"的感觉,周成建当初创立品牌给自己公司起名

为美特斯制衣有限公司，"美特斯，听起来一定是没有农村的味道。"周成建说自己当初其实就是这么简简单单的想法。

如今，周成建的美特斯·邦威已成为中国休闲服装零售知名品牌，"现在我想将城市户口转成农村户口也不可能了"。如今回想起来少年时代的农村生活才是自己最珍贵记忆的周成建笑着说，自己的这种双重性格导致只热衷做两种事情，一种是喜欢的，一种是想证明自己的，而唯有对服装的热爱一直让自己觉得"犹如坠入情网"，"再给我一万次机会选择，我还会选择服装这个行业"。

周成建说，这么多年来，美邦拒绝了各种多元化发展的诱惑，有做地产的机会，也许今天资产翻了十几倍，但也许美特斯·邦威就没有了。

"我不可能成为最有钱的人，但我希望自己能成为某个行业内被认同的人。"在美邦上市仪式上，裁缝出身的周成建向深交所赠送了一台镀金小缝纫机，他说：我最早是一个村庄的裁缝，现在有幸成为中国的裁缝，希望以后还能成为全球的裁缝。

8岁当上杂货店老板

周成建很小的时候就显示出当"头"的天分，在那个贫困的乡村，周成建读的是复式班，从一年级到五年级的学生全都在一个教室里同时上课。低年级的周成建总是能忽悠大家不上课集体出逃。每每如此，老师告状，爸爸就出手打孩子。

"爸爸虽然打我，但是这辈子给我影响最大的就是父亲。"周成建说，家里弟兄姐妹6个，唯有自己得到了大家的宠爱。父亲认为，排行老四的周成建思考问题总是相对活跃，于是将家里的小杂货店交给年仅8岁的周成建打理。

"那是一个很穷的村庄,计划经济年代,每个村庄一个杂货店,而父亲是公社里一家算盘厂的厂长,只会说几句普通话的父亲到全国推销算盘却能将生意做得很好。"直到今天,只要提起对自己人生影响最大的人,周成建总会说是自己的父亲,父亲对自己的影响不是某一件事情某一句话,更多的是潜移默化。而受父亲的影响,当上小老板的周成建生意做得非常不错,每年都有上千元的收入,这在上世纪70年代的农村已经是相当富裕的了。

如果按部就班地走下去,周成建的小杂货店或许能做得再大点,"从8岁到初中毕业,一直是重复做个店老板,却没有任何变化",骨子里天生不满足现状的周成建向父亲提出了学手艺的要求。泥匠、木匠、裁缝,当时农村只有这三门手艺可以学。

"我想布料摸起来总比泥巴、硬邦邦的木头要舒服很多。"周成建笑着这样解释自己的选择。

没想到,父亲通过关系将周成建送到当地一位很有名的裁缝那里,周成建的天赋完全显现出来,别人几年才出师,周成建一个月就可以跟着师傅上门给人家做衣服了。

欠债30万背井离乡

1982年,初中刚毕业,17岁的周成建就在家乡浙江青田县创办了青田服装加工厂,或者叫裁缝铺更恰当一些。

一间厂房,几台缝纫机,招呼几个做裁缝的朋友凑在一起,就是这个加工厂的全部。当时,周边方圆几公里内都没有服装加工厂,这个小小的服装厂"物以稀为贵",旺季的时候,几个人需要加班加点,在煤油灯下赶

制服装。当时的周成建身兼老板、裁缝师傅、业务员于一身,不急着赶制服装的时候,他就到全国各地去拉订单。到全国各地推销产品时,周成建结识了江西景德镇的一家外贸公司,并接下了高达30万元的大额服装订单。

欣喜万分的周成建回到家乡后,从当地信用社贷款30多万,从城市里买回面料,并立即召集周边100多名裁缝到自己的工厂工作。日夜辛劳后,货发过去后,没想到对方以面料不合格为由全部退回。

进入服装行业的第一笔大生意就这样泡汤了,企业倒闭,周成建背上了30万元的债务。

在上个世纪80年代,这是一个天文数字。"没钱还债,但当时我好像也没什么恐惧感似的,"周成建告诉记者,"当时身上还有9000元,我想这9000元钱就是我的翻本钱,我还是有机会的。"

1986年,周成建带着这9000元钱,来到了当时商业气息已经非常浓厚的温州妙果寺,这是个后来走出无数服装商人的地方。当时的温州妙果寺是一个大江南北商贾云集的地方,是政府为个体户特批的一个贸易市场。

那时的妙果寺,天还没亮,门口就会聚集很多来自全国各地进货的商人,而妙果寺有店铺的经营者,往往会在家里办一个加工厂,白天热销的款式,晚上加班赶制,第二天再销售。

周成建通过自己的舅舅、表兄弟的介绍,他们的朋友也变成了周成建的朋友。结识了众多朋友打通各种人际关系后,9000元钱也差不多花完了。

周成建也拿到了自己的订单,干的依然还是服装,周成建从老家再找来十几名裁缝,从事服装的裁剪、排样、缝纫机修理等等。十几个人吃喝住全在车间,日夜加班,很快周成建偿还了所有债务。

> **周成建语录**
>
> 我最早是一个村庄的裁缝,现在有幸成为中国的裁缝,希望以后还能成为全球的裁缝。

偶然成就"休闲"服装

美邦服饰主营的美特斯·邦威系列休闲服饰,s如今已成为我国休闲服饰的领导品牌,周成建说:是一次偶然的失误,让他从此专注于"休闲"服饰产业。

铺子因为没有资金而被迫关门了,周成建无奈在1986年只身来到温州闯荡,一连串的碰壁之后,有个老板看中了他的手艺,答应收这个年轻人做个裁缝。

手艺好,信誉好,周成建的加工厂不断接到其所在的妙果寺服装批发市场的订单,每天工作都在十几个小时以上,累啊,有一天终于扛不住了,操作时将一批西服的袖子全都裁短了一截。这个失误让刚刚还清债务的周成建差点再度背上沉重的债务。"我这人就爱琢磨,干脆将错就错,把裁短的袖子接上别的布料,再将衣服的下摆也裁去一截,补上别的布料。"

就这样,制作出了早期休闲风格的服装,没想到一个小时就卖光了,东家赚了很多钱,并将该服装款式委托更多的企业加工,周成建在妙果寺服装市场也名声大振。但此时的周成建开始不满足现状了:给人家代加工,每件衣服最多挣八毛钱,利润绝大多数都被批发商赚走,如果自己做批发就有了议价的能力。有一定资金积累的周成建于

周成建创业心态

把企业做大,首先把心态摆好,我当时没有学会找政府,但现在政府提供更多的资源让我们去创业,这不是说每个人都应该去创业,但创业一定要找市场,千万不要找市长。

1989年拥有了自己的前店后厂。

在温州这个繁荣的服装商圈里,西服市场已经非常成熟了,后来者周成建实力是最差的,能力也不是最强的。

"我必须找一个别人没有介入的领域,应该是一种非西装的服饰。"周成建说,受那次失误的启发,别人问我,这既不是西装,又不是衬衫,那应该叫什么呢,我想那就叫休闲服装吧,"休闲一点,随便穿",最早将休闲概念赋予服装的周成建也对此情有独钟,美邦上市当天那样正式的场合,周成建身着黑色休闲西装、红色格子衬衫,依然不减自己的休闲风格。他还说,未来美邦的使命依然是专注于为年轻消费者提供个性时尚的休闲服装。

凡事不走寻常路

1995年4月,第一家美特斯·邦威专卖店在温州五马街即将开业,"我这人总喜欢琢磨一些'歪点子'",周成建说,不能就平平淡淡地开啊,当时我想出个主意,招收30个服务员做候选,让消费者来选择真正合适的服务员,消费者也可以获得7折的销售价格。

除此之外,当天,温州五马街全部铺上了红地毯直通"美特斯·邦威"专卖店。

开业当天,现场是可想而知的,"美特斯·邦威"声名大震,要求加盟销售美特斯·邦威品牌产品的代理人也纷纷找上门来。

"如果按照老路走下去,我必须有大量的资金扩大工厂才能满足市场急剧增长的需求",然而在服装行业摸爬滚打十几年的周成建十分清楚制衣行业根本无核心技术可言,模仿复制能力极高,国外服饰能在内地获得市场,靠的就是品牌以及周期越来越短的营销前导周期。

于是周成建大胆做出决策不走寻常路:把制衣和销售环节统统100%外包给其他企业,自己仅留最核心的部分,包括"美特斯·邦威"

这个品牌、产品设计、品牌推广和少量的直营店，充分调动其他企业和加盟商的积极性，以"双赢"作为经营的最大卖点。周成建说："不在乎企业自身有多少资源，而在乎这个企业有多少能力去整合资源，这是核心问题，世界的都是我的，我的都是世界的。"当初创立品牌时只有400万元的周成建很快在全国不断复制着美邦，并始终专注于为年轻消费者提供个性时尚的服饰产品。

上市说明走对了路

"美邦能够上市成功，应当说五年前我们走对了路。"直到今天，周成建还笑称：温州的优秀企业太多，我在那里太不优秀了，而上海大环境非常好，但对传统行业却不太重视，这样一片沃土，我想更适合美邦发展。

当年在上海买了第一件名牌服装并暗自想有朝一日也做成自己名牌的周成建，不仅有了自己的美特斯·邦威，而且正式立足上海，2003年，美邦正式将总部搬迁上海。

上海也为美邦提供了爆发式增长，过去三年营业利润从876万、9093万到4.3亿元，经营毛利率也由16.35%、27.92%提高到38.39%。截至2008年一季度末，公司全系统已在全国拥有专卖店2211家。

2008年8月28日，股票代码002269的美邦服饰在深圳中小板挂牌交易，发行价为19.76元，上涨7.14元，周成建及其女儿胡佳佳所持股份市值达到161.4亿元。

服装界的黄埔军校

裁缝出身的周成建，上海美特斯·邦威股份有限公司董事长，知名休闲品牌美特斯·邦威的创始人。他所创立的美特斯·邦威被称为"中国服装界的黄埔军校"。

对于财富的暴升，周成建当天只是表示，不关心股价，自己能做的是只专注做好企业，从而更好地回报投资者。

当天，美邦正式推出全新品牌ME&CITY，试水高端服饰领域，拓展新的销售市场。"ME&CITY"沿用了美邦一贯的代言人策略，其代言人则是好莱

坞一线男星、在国内也拥有大量忠实粉丝、出演美剧《越狱》的男主角米勒。

周成建告诉记者,我国服装业的真正转折点应该是2010年,通过奥运会的成功举办,中国将被全世界人关注,也将吸引全球服装行业的关注,全球优秀品牌进入中国市场,他们都很强势,因此给予我们民族品牌练兵的时间已经不多。美邦的路才走了5%,还有95%的事情需要我和我的团队去做,我非常热爱服装行业,要成为全球的裁缝,自己的路还很远很远。

经营之道

2005年一套集管理、生产、销售于一体的ERP信息平台正式投入使用,不仅延伸到了上游的面料厂商,还能实时掌握每个专卖店进、销、存状况,并根据这些数字随时变更生产订单。

凭借这套由制造商资源管理系统(MBFAC-ERP)、集团内部资源管理系统(MB-ERP)和代理商资源管理系统(MBAGT-ERP)的信息平台,美特斯·邦威直接给面料厂商下单,在产业链上游实现事先控制分析,再根据专卖店销售情况进行调整。2005年,美特斯·邦威的秋冬季服装平均运营成本降低了18%。

在管理上,美特斯·邦威实现了电子商务信息网络化,建立了管理、生产、销售等各个环节的计算机终端联网的"信息高速公路",实现内部资源共享和网络化管理。在虚拟经营的基础上,周成建更加注重服装的品质管理。

在产品设计上,周成建选择与法国、意大利、香港等地的知名设计师长期合作,建立并培育了一支具有国际水准的设计师队伍,每年设计的服装款式达3000多种。

为了推广这一洋味十足的品牌,周成建采用了代言人策略。这一策略体现在周成建果断换下郭富城,签约当时刚刚崭露头角的周杰伦。几年间,周杰伦的人气指数一路飙升,也使得美特斯·邦威成为新新人类眼中的时尚代名词。为了配合美特斯·邦威着力开发的女装市场,周成建借着签约张韶涵代言的机会,首次对美特斯·邦威的品牌策略进行了调整,推出校园和都市两大系列服饰。正是由于代言明星张韶涵的加入,美特斯·邦威的品牌形象有了很大的突破。周成建将美特斯·邦威的目标消费群定位于18~25岁充满活力和时尚的年轻人群,使之成为大学生青睐的品牌,而且受到初入社会的年轻职场白领的青睐。

关于形象代言人,周成建又做出惊人之举。他提出,随着产品分为两大系列,美特斯·邦威可能会增加两个形象代言人,倾向于给周杰伦、张韶涵增加男女拍档,让他们分别诠释校园、都市的不同风格,让美特斯·邦威的公众形象更加丰满、完整。

为了把美特斯·邦威塑造成国际品牌,周成建在推出ME&CITY高端城市系列服装之际,选择了因《越狱》而一炮走红的美国好莱坞一线男星温特沃斯·米勒和混血超级模特布鲁娜·特诺里奥演绎美特斯·邦威刮起的城市季风。周成建希望借温特沃斯·米勒和布鲁娜·特诺里奥的影响力,为美特斯·邦威拓展国内、国际市场提供强有力的支持。2010年底随着电子商务的大热,周成建成立了邦购事业部,推出邦购网电子商务平台以及裳网时尚网络媒体,宣告美特斯·邦威线上线下两条腿走路的经营模式正式开始。

根据Euromonitor的统计,2006年美特斯·邦威品牌休闲服饰产品在国内市场主要的12大休闲服品牌中位居首位。在上海市南京东路最繁华地段,美邦最大的旗舰店美邦的服装博物馆见证着公司的爆发式增长:过去3年的营业利润为876万元、9093万元、4.3亿元;同时由于规模效益的实现,几年来的经营毛利率也由16.35%、27.92%提高到38.39%。

第三节　美邦集团

集团简介

美特斯·邦威集团公司始建于1995年,主要研发、生产、销售品牌休闲系列服饰。目前拥有美特斯·邦威上海、温州、北京、杭州、重庆、成都、广州、沈阳、西安、天津、济南、昆明、福州、宁波等分公司。"美特斯·邦威"是集团自主创立的本土休闲服品牌。1995年4月22日,公司开设第一家"美特斯·邦威"专卖店,到目前"美特斯·邦威"在全国设有专卖店1600多家。

品牌内涵

"美":美丽,时尚;"特":独特,个性;"斯":在这里,专心、专注;"邦":国邦、故邦;"威":威风。"美特斯·邦威"代表为消费者提供个性时尚的产品,立志成为中国休闲服市场的领导品牌,扬国邦之威、故邦之威。品牌名称凝聚了集团创始人周成建永不忘却的民族品牌情节和对于服饰文化的情有独钟。在周成建独特的经营理念指导下,在社会各界及广大消费者的关心与支持下,美特斯·邦威集团迅速发展壮大。第九大道的美特斯·邦威服饰,极大提升美特斯·邦威公司的形象,使消费者时尚、个性的风格,价格让消费者满意,质量让消费者放心!

发展前景

面对未来,美特斯·邦威集

团公司将抓住机遇,加快发展,立志实现"百亿企业,百年品牌"的战略目标,实现"年轻活力的领导品牌,流行时尚的产品,大众化的价格"这一愿景,力争打造世界服装行业的知名品牌。

2008年8月28日,美特斯·邦威在深圳交易所A股上市。面对未来,美特斯·邦威集团公司将抓住机遇,加快发展,立志实现"百亿企业,百年品牌"的战略目标,实现"年轻活力的领导品牌,流行时尚的产品,大众化的价格"这一愿景,力争打造世界服装行业的知名品牌。

第二章　肯吃亏肯吃苦的杨勋

人物名片

　　谈起旭日，知道的人并不多，可提起真维斯，不知道的人少之又少。1990年前，"JEANSWEST"（真维斯）只是澳洲一个普通的服装零售品牌。它日后之所以能享誉中国，全得益于其1990年与旭日的一次联姻。在香港迎娶"真维斯"后，杨勋兄弟一手将其打造成中国家喻户晓的休闲品牌。如今，旭日集团已涉足制造、贸易、零售及房地产、金融投资等产业，生产企业遍及中国、印尼、菲律宾、孟加拉等。但是，谁能想到，杨氏兄弟年轻时穷得只剩下身上的泳裤。

第一节　走近人物

人物简介

　　杨勋，正名杨振勋，1952年出生于广东省惠州市。1972年移居香港，投身工商业行列。1974年与兄长杨钊创办旭日制衣厂，并于1975年成立旭日集团，任职集团副董事长兼总经理及真维斯国际(香港)有限公司董事长，香港制衣业总商会会长。其直属公司有八十多个，员工超过三万人。1990年，旭日集团收购澳洲休闲服装品牌"真维斯"，1993年，担任真维斯国际(香港)有限公司董事长，1996年，旭日集团在香港上市，荣获国内休闲服知名度最高品牌，服装行业领袖品牌，最具竞争力品牌奖。2007年，年销售额超过30亿。

　　集团业务范围包括：服装制造、贸易、零售及房地产、金融投资等。在中国香港、中国内地、孟加拉国、柬埔寨及越南等国家和地区均设有专门生产服装出口的工厂。在中国及澳洲设有批发及零售业务，主要牌子名为"JEANSWEST"真维斯。在中国及澳洲现设有零售连锁店超过1　700间。而在中国香港、新加坡、美国及中国内地均有地产投资及金融业务。旭日集团有限公司为亚洲最大的成衣制造及出口贸易商之一。

个人社会职务

香港制衣业总商会会长、香港纺织商会监事长；

河北省政治协商委员会常务委员；

中国服装协会副会长；

中国纺织服装教育学会副会长；

中国外商投资企业协会副会长；

纺织服装专业委员会副会长；

南京大学顾问、教授；

东华大学顾问、教授；

青岛大学顾问、教授；

北京服装学院顾问、教授。

第二节　不怕苦肯吃亏勇敢创业

为改变命运，背井离乡去香港

　　1952年出生于广东惠州的杨勋，由于家境贫寒没能读中学。迫于生计，年长他几岁的哥哥去香港投靠一个远房亲戚。1972年，不想一辈子"面

朝黄土背朝天"的杨勋,也背井离乡去香港,希望改变自己的命运。不满20岁的杨勋从惠州下海,游了六个小时到达香港。

哥哥初到香港时,在一家服装厂找到一份工作,最开始一天只挣5元钱的工钱,由于是做最底层的工人,愿意做的本地人不多,所以工作还算得上稳定。一个月后,他成为一名熨烫工人。为了多挣些钱改变生活状况,哥哥经常利用业余时间接一些别的工厂的活,因此认识了一些从事服装加工的朋友。

初到香港时,由于杨勋文化不高,又不懂英文,更没有任何社会关系,所以只能出卖苦力,从最底层的工人做起。他同时兼了三份工,经常一天跑两三个工厂去上班。从早上到深夜一直在热气腾腾的熨烫车间工作。杨勋经常被蒸汽熏得头昏眼花,他在心里咬牙发誓:吃苦只是暂时的,以后绝对不要再过这样的日子。"当时我最不怕的就是吃亏,只要有工作就努力认真地去做,丝毫不在乎有没有休息时间。所以,如果有人问我如何在当今就业艰难的环境下找工作,我会告诉他,不要怕吃亏,别人1800元一个月的工作你1000元就去做,人家一定请你。同时我也坚信,只要你努力,5年后你一定会拿回那些属于你自己的钱。""当时我们全身的财产只有一条泳裤。那时,我和哥哥杨钊的居住条件十分恶劣,在一间仅40平方米的房间里,除了我们还住了十多个人。被当地人称作难民"。

"我到香港之后,在一家服装厂找了一份工作。勤奋好学的我,很快掌握了制衣业的全套技术,包括运作和管理方法。同时,也结识了许多同行,他们中的许多人,和我们兄弟俩一样,都出自草根阶层,经历相似的人更能够彼此理解,成为好的合作伙伴。这为后来我和哥哥共同创办服装厂奠定了基础。"凭着一股狠劲,杨勋和

杨勋谈大学生创业

杨勋表示,学生有创业激情是好的,但一定要认识到创业是一项事业,要勤奋努力地工作,不要怕吃亏,还要肯动脑筋,"机遇总是青睐有准备的人"。应该衡量自己有多少人才资源和财力资源,然后决定办多少事。

杨勋小故事

我永远记得那一天，我家的米缸里没米了，父亲就领我到隔壁的婆婆家借两块钱，谁知那个婆婆把她兜里的钱全翻出来了，也没找到两块钱，原来她跟我们一样穷。但是她知道我们等米下锅，就把她所剩不多的米借给我们了，我才不至于饿肚子。从那天起我就发誓，长大了一定不要再过这样的穷日子。

哥哥很快从熨烫工做到领班再到厂长。两年后，两兄弟用积蓄创办了一家小小的旭日制衣厂。

服装厂刚建起来的时候，员工在100人左右，厂房为600平方米。当时香港服装行业处在低潮，服装厂没有加工订单就很难存活。

"我们的厂子规模不大，订单自然比较难接到，所以经营得比较吃力。但初次创业的激情，激励着我们兄弟俩不知疲倦地工作，基本上没有什么休息时间，我们每个礼拜天都在厂里干活。"

时隔三十多年，如今的杨勋把当日的窘迫当作笑谈。"有理想不行，还要付诸努力，并坚持下去。"这是杨勋在那段日子最大的收获。因为多年的工作习惯，现在的杨勋仍然每天工作十多个小时，是全公司下班最迟的人。

意想不到，靠格子牛仔裤起家

然而，让人意想不到的是，一笔大家都不愿意接的"格子"牛仔裤加工订单，彻底改变了工厂和杨氏兄弟俩的命运。

"那是一笔200打的牛仔裤订单。当时许多大工厂的生产都不饱和，何况我们这样的小厂，要接到订单主要靠一些朋友帮忙。一天，一个朋友告诉我们，正好有一个订单没人干，问我们兄弟愿不愿意接。"

当时他了解到，一些厂家不接单的原因，是牛仔裤的打格子工序比较复杂。"当时美国流行格子牛仔裤，但因其工艺复杂、利润低微，许多厂家望而生畏。如何快速在面料上打格子，一直以来是让牛仔裤生产厂家头痛的技术性难题，而这个难题直接影响到产量高低。"

"起初接下这笔单子时，我也不知道能不能做好，当时连550港元一打

都没人肯接货,但我们却以299港元的低价接单。但为了维持工厂的经营,我想,先把订单接下来,回去再研究工艺上的问题,毕竟工厂能接到的每笔订单都十分珍贵。"

格子牛仔裤难就难在如何快速在牛仔裤上打格子。当时很多厂家一天也难得做几件。杨勋和技术人员研究了几天几夜,研制了一种用于打格子的专用小模具。就在模具开发出来时,好消息也传来,订货方又增加了600打订单,紧接着又加到3000打。找到窍门后,生产速度迅速跟了上来,效率提高3倍,格子牛仔裤也成为旭日的第一个拳头产品。第一年就生产了10万打,并创下了一个款式生产160万条的香港制衣纪录。

工厂由此迅速扩张,为了提高产能,工厂规模也从100名工人迅速扩大到1000名,厂房面积从600平方米超过1万平方米。短短两年时间后,1974年,他们在原有制衣厂的基础上成立了集团公司。小制衣厂的日子很不好过。一笔200打的格子牛仔裤订单,终让旭日找到打开财富大门的钥匙。"这就是让我们发家的格子牛仔裤。那时候的水洗牛仔裤正在美国流行,有格子的牛仔裤正符合美国人追求个性、突出自我的需要,所以销路很好。"

新闻里的商机

工厂的订单解决了,但是外贸订单的配额从原来平均每打的6港币涨到了126港币,这样制衣厂就没有利润可言。香港的服装企业竞争十分激烈,尤其是做订单这一块,由于受出口配额的限制,服装加工企业常常处于十分被动的局面,在集团公司担任总经理的杨勋,当时考虑最多的是公司的持续发展问题。

杨勋做出了新的决定,他考察了香港周边地区,在菲律宾只要是当地生产就可以免费提供出口配额,1976年他把工厂开到了菲律宾。1977年,他发现印尼为了吸引外汇,不仅不需要配额同时还给出口提供补贴,鉴于此,公司开始将服装厂的一部分生产力向菲律宾和印尼转移。为了让工厂的管理和技术跟上去,他们从香港派管理人员和工人过去,结果这样运作得很成功。

1978年,一个在内地做纺织品贸易的朋友建议他到内地去办服装加工厂。那个时候内地刚刚开始改革开放的步伐,有许多优惠政策措施。

经过一番调查研究后,他们决定,将在菲律宾、印尼办厂的一套成功做法带到内地。"我们投资,我们派人来管理,我们提供原料和辅料,当地负责人力和厂房,产品返销给我们。"这套方案很快得到相关职能部门的认可。"不到两个月的时间就批下来了,我清楚地记得写着"补偿贸易(来料加工)"的字样。

1978年3月,改革开放的春风刚刚吹向中国内地,嗅觉敏锐的两兄弟又在广东惠州办了第一个从事补偿贸易的来料加工服装厂。由于运作得很成功,这种模式很快在广东省迅速发展起来,许多没订单没活干的企业被重新盘活。一时间,来料加工模式在广东蓬勃发展,成为当地经济发展中不可或缺的一部分。1979年,旭日又分别在江苏、山东、辽宁开设了类似的加工厂。

旭日在30多年的发展历程中,经历了4次重要转型:由香港制造走向海外,走回内地;由工业制造走向多元经营;由工贸为主转型为以服装零售为主。事实上这正是企业寻找市场空白、走向规模发展的一个缩影。

"新闻里蕴藏商机。"天天都要看新闻的杨勋说,要做好企业,一定要了解国际国内局势,审时度势,一击必中。

1980年,为扩大生产规模,公司开始在广东以外的省份,如江苏、山东、辽宁的一些城市开展服装加工业务。生产规模空前扩大后,大量产品

出口到美国等国家。

进军香港地产界，建尖沙咀"地标"

> **成功等于运气+知识+努力**
>
> 一个人的成功离不开运气、能力和努力。运气其实就是机遇，你昨天的努力就是今天的运气，今天的努力就是明天的运气。有了这个机遇，加上知识和自己的努力，成功就离你不远了。

"我们在香港的服装加工厂，厂房最初是向人家租用的。我常常思考一个问题，为什么不将这些厂房变成自己的，这样不仅可以自己用，还可以租给别人，解决资金的出入问题。"

从上世纪80年代开始，公司陆陆续续将多间租用的厂房买下来。同时，拿厂房做抵押，向银行申请贷款融资。富余资金一方面用于服装厂的扩大经营，另一方面投入到房地产项目中。

在上世纪80年代中期，除了购买自己用的厂房，他们曾经花了2.08亿港元买下2.4万平方米的办公室。结果在1995年——9年时间后，卖了14亿港元。

1998年，受金融风暴影响，香港房地产跌价，他们又投入12.4亿港元买了北京道一号的一块地，大概花了7亿港元盖楼。投入20亿资金建的形如帆船一样的大楼，如今估价已经超过50亿港元，成为尖沙咀的一个新地标。

向房地产业的大步迈进，使得公司从人力密集型行业，成功实现向资金密集型行业的转移。集团公司的业务由此并重服装和房地产两大部。

收购休闲服装品牌，在内地大开专卖店

居安思危，在服装加工生产这一块，杨勋感觉单靠别人给订单还是不稳固，公司应该从单纯生产加工向做品牌转移。1990年，公司收购了澳洲一个休闲服装品牌"JEANSWEST(真维斯)"，从此走上品牌经营

的道路。

1993年5月28日，在上海，他们的内地第一家休闲服装专卖店开业，结果大受市场欢迎。随后，内地其他城市也渐渐有了他们的休闲服装专卖店。

在上海开专卖店时，内地刚刚兴起穿休闲服的潮流，那时候他们进入内地零售市场的定位是"领导潮流"。一条样式简单的牛仔裤，售价180元，在当时的收入水平下，这个价位不算低，但仍让不少年轻人趋之若鹜。

"如今，90元钱一条的休闲裤，在款式和面料等方面，比那时都要好。"杨勋笑了。如果说在上海开第一家专卖店，是打开内地休闲服市场的前奏，那么在青岛首家专卖店的销售火爆局面，则让他对内地的休闲服市场信心倍增。

记得青岛第一家专卖店开业当天，他保守地预计一天的销售额应该在4000到5000元左右。结果却是，一间70平方米的店面，一天做了12万元的买卖。原来打算卖两个月的货，不到两个星期就销售一空。

到1994年，短短一年时间里，公司在全国的专卖店达到一百多个。经过十多年的发展，目前杨勋领军的休闲服装品牌，在内地已经开有1300多个门店，年销售数10亿元。

十多年前他们引领潮流，卖价相对较高。如今，内地休闲服市场百花齐放，他们因此也相应调整思路，那就是做大众化的名牌休闲服，以物超所值的价钱吸引更多消费者，让大家都消费得起，从而获得更大的市场份额。

30年前香港一个100人左右的小加工厂，一天天成长为集零售、贸易和工业于一体的大型跨国集团公司，在内地的休闲服装市场上，杨勋和他的公司辛苦耕耘十几年，已占据相当

杨勋管理

上层人员"管人"，中层人员"管事"，基层人员"管技术"。为了避免家族企业的弊端，特成立管理局，谁能够管好企业就让谁来管。

的市场份额。

杨勋有着传奇的人生经历,更有常人不及的精力。他每天从早忙到晚,工作时从来不知道疲倦,他笑称自己在公司所有员工中,每天的工作时间最长。最近他来到武汉,考察他的湖北分公司的工作,日程也是排得满满的。接受完记者采访后已是晚上10时多了,他还要去与员工见面,进行联欢活动,估计还要几个小时才能休息。

"只有在很晚回到家中或临睡前,我才感到些许倦意。"杨勋说,钱的多少对他来说意义已不大,工作着才是最快乐的。

> ### 杨勋概括休闲服特点
>
> 休闲服的概念从国外传入,强调穿着上的随意和轻松。休闲服的一个特点,形象地说,就是穿着新衣服时有旧衣服的舒适感。用机器对面料进行水洗处理,是休闲服设计加工的一个重要元素。

发展澳洲服装零售品牌

"订单靠别人给总是被动,必须要做自己的品牌。"在这种理念下,杨勋兄弟开始培育自己的品牌。他们看上了澳洲一个零售品牌,这就是日后红遍中国的休闲品牌——真维斯。

1990年,旭日收购了澳洲服装零售商"JEANSWEST"(真维斯),随后又收购了其旗下100多家店铺的经营股权。在杨氏兄弟的经营下,澳洲真维斯连续三年营业额以60%的速度增长,随后成为全澳第二大休闲服装连锁店。

但是,真维斯真正的成功还在于杨氏兄弟为其开拓的中国市场。

1993年5月28日,真维斯在上海开设了第一家休闲服装专卖店,正式进入中国市场。那时,中国刚刚允许外资企业进入中国消费品零售领域,内地刚刚兴起穿牛仔服的潮流,只有几家外国名牌开设了专卖连锁。但杨勋分析,解决了温饱的人们对穿的需求会越来越高,讲求舒适随意的休闲服一定大有市场。这是杨氏兄弟携真维斯重兵布点内地的主要原因。

杨勋给自己的品牌定位,核心顾客群是18至25岁健康、上进的年轻人,特征是喜欢流行的,但由于年龄和收入的限制,不能承受流行世界名牌的价格,所以真维斯的定位是"做年轻消费者能够买得起的名牌"。

真维斯的这个定位,填补了当时国内适合年轻人的休闲服装市场空白,也为它日后雄霸市场多年奠定了坚实的基础。

扩张提前抢占国内市场

不管是真维斯初到中国,还是后来与众多休闲品牌大战,杨勋一直保持着一个特有的风格——尽力压缩成本,不请代言人。

这不能不说是一个十分睿智且精准的决定。真维斯刚进入内地时,多

数人的工资水平虽然只有几百元，但花100元左右追逐流行，却是一个足以勾起人欲望但又花得起的消费。

随后开业的青岛专卖店，原打算卖两个月的货，不到两星期就销售一空。于是，杨勋大力扩张市场，一年里，真维斯在全国的专卖店发展到100多个。后来，当其他休闲品牌起步

> **真维斯广告词**
>
> 1.这里有一群年轻人，对生活对理想的真态度，这里有真我的热力绽放，更有一段段的真情流露。真态度，真情，真我。真的，更精彩。
>
> 2.如果我可以走远一点，如果我可以看远一点，如果我可以投入一点，如果我可以尝试多一点，如果无须想太多，有心就有翼——真维斯。

时，真维斯已牢牢抓住了国人的心。经过20年的发展，真维斯成为内地最成功的休闲服装品牌之一，在全国开设了2000多家门店，2011年的店前总销售额超过45亿元。

第三节　真维斯品牌

品牌介绍

真维斯(JEANSWEST)1972年成立于澳大利亚。1993年才开始在上海一炮打响的真维斯，如今在全国已经有2000多家连锁店和加盟店。这家总部设在惠州的休闲装生产企业，2002年的营业额已经达到14亿元人民币，成为中国休闲装行业名副其实的"大鳄"。

1993年1月1日，旭日成立了真维斯国际(香港)有限公司，开始进军中国内地零售市场。虽然当时国内休闲服装市场潜力较大，但国际真维斯发展相对较慢，只能满足目标市场的60%左右，达不到预期目标，于是旭日根据国内地域、气候和生活习惯等差异对国内休闲服装市场进行了细分，于1994年下半年成立了大进投资有限公司，使JEANSWEST的覆盖面伸展得更宽更广。

凭多年来旭日在澳洲、美国和加拿大等地连锁店取得的宝贵零售经

验和强大的设计能力以及众多品牌、多种产品的设计经验,亦能达到满足国内服装消费者的需求和消费的目标。为国内消费者提供优质的服务与产品。

打造大众化名牌

真维斯国际(香港)有限公司行政总监刘伟文这样说道,"真维斯"营销的核心理念是强调"名牌的大众化",追求"物超所值",让年轻消费者能够买得起真正的名牌。"真维斯"提倡"名牌大众化"是基于拓展中国市场的需要,"真维斯"的愿望是做每一个中国人都消费得起的国际品牌。而"物超所值"的理念是通过企业内部强大的管理系统和优秀的成本控制,以最好的质量和最优惠的价格回报顾客。

全新的广告创意

目前国内很多休闲装品牌都通过聘请形象代言人的方式,来提升品牌形象并达到了不同真维斯的效果,"真维斯"却没有走这种路线,这是为什么呢?刘伟文认为,目前没有发现哪个明星能完全契合"真维斯"品牌,"真维斯"宁愿把品牌推广放在年轻人喜欢的活动上,比如和中国极限运动协会合作,举办首届全国极限运动大师赛等。他还透露"真维斯"维护品牌形象的"法宝",就是比较注重广告创意,比如委托顶尖专业机构新近制作的"有心,就有翼"的广告,以其全新的创意和动感的节奏,一经投放市场就受到了广大消费者的青睐。

给年轻人梦想与机会

在中国,做休闲服装的外资企业很多。可20年来一直坚持赞助做一项赛事——"服装设计大赛"的却只有一家,那就是真维斯香港国际有限公司。对此,杨勋说得很简单:当企业家头脑要清醒。只有头脑清醒才能做到判断准确,能获取更有价值的信息和保持精神世界的和谐。企业得的多就

要回报社会多。

在北京朝阳公园举办的"全国健康万里行"启动仪式上，真维斯的名字显赫地打在即将出发的几十辆宣传车上。在北京人民大会堂人们又看到了杨勋的身影。他是为即将在全国10省市启动的"助学长征——公益助学步行筹款"活动来助威

的，并当场捐资200万元人民币用于在10个省、市建10所真维斯"希望工程"小学。

这种做企业公民的道德意识缘于何种思想基础？杨勋说，多年的善举缘于他多年对佛教的研究，"因此看待事物的目光变得平和"。杨勋说，真维斯的好多员工是年轻人，并不懂得中国红军长征的历史，也很少见到贫困山区失学儿童的现状。在8年来与香港著名慈善机构主办的"苗圃活动"合作中，虽然也建了8所希望小学，但是比起这些将靠徒步走长征路募集款项的英雄壮举就显得微不足道了。

他解释说，通过这些英雄们去捐赠，是对他们的敬重。真维斯员工会继续跟10省市的孩子们保持联系，更深入地帮助他们走向社会。杨勋最大的心愿是给年轻人以梦想和机会。他的培训方式是每个月到一个管理区，亲自跟员工讲述自己的经验和管理知识。他还常在上海复旦的专业班里讲课。

他说他最喜欢跟年轻人"分享快乐"。

　　杨勋认为，要达到目标，心里要有一个信念，告诉自己一定行。只要对自己充满信心，就没有翻不过去的山峰。"穷则独善其身，达则兼济天下"，一个公司要做得好与成功，除了公司股东能得到利益，员工也自然得到好处外，同时更可为社会分担责任。杨勋二十多年来一直以此信念去经营企业、参与社会。他说："每一个时代都有它的特点和机会，你要把握好自己，运用自己的勤奋、头脑和眼光来创造成功与未来。"

第三章　皮尔·卡丹传奇之旅

皮尔·卡丹先生绝对是一个传奇人物。他的传奇首先在于他的奋斗历程：从赤手空拳几乎是一无所有到世界顶级服装设计大师。

他的传奇还在于让高档时装走下高贵的T型台，让服装艺术直接服务于老百姓。

他的传奇还在于卡丹先生曾三次获得法国服装设计的最高奖赏——顶针奖，在时尚界凤毛麟角，直到今天，还没有人能超越他。

第一节　走近人物

人物简介

皮尔·卡丹(Pierre Cardin)1922年7月2日出生于意大利水城威尼斯近郊，是一位知名的服装设计师，父母都是法国人。他很早就对服装设计产生兴趣，据说童年时喜欢替邻居的洋娃娃设计新衣服。

有人说，在法兰西文明中，有四个名称的知名度最高、地位最突出：埃菲尔铁塔、戴高乐总统、卡丹服装和马克西姆餐厅。这其中，皮尔·卡丹一人竟然占了两项：服装和餐厅。这就是说，卡丹成了法兰西文化的突出象征。

1992年，卡丹先生作为唯一的服装设计师入选精英荟萃的法兰西学院，从而奠定了卡丹先生作为世界顶级服装设计大师的地位；他的传奇在许多人看来是他的商业成就，因为世界上几乎没有像皮尔·卡丹先生那样的先例，集服装设计大师与商业巨头于一身，卡丹的商业帝国遍布世界各地；他是而且将永远是一个具有前瞻性视觉的时尚领导者。他近年来的成就就在于他的社会活动，他完成了许多职业外交家所无法完成的功绩，为世界各国人民的相互了解和和解做出了巨大的贡献；最后，对于中国人民来说，他又是一个久经考验的老朋友，二十多年来，他以他独特的热情和充沛的精力在欧亚大陆之间架起了友谊的桥梁。

巴黎、伦敦、米兰和纽约是世界四大时装之都，巴黎理所当然排在首位。在巴黎，许多店里都有卡丹的一方天地，但要寻根求源，一定要去奥诺里大街82号，那儿是名扬世界的卡丹帝国的首府。终身未娶的皮尔·卡丹只要在巴黎，就会每日四次进出这里。

第二节 皮尔·卡丹的创业路

小裙子预示未来

1922年7月2日，在威尼斯近郊一户贫苦农家，小卡丹出生了。两年后，第一次世界大战的战火遍及意大利。

一生未娶的皮尔·卡丹

皮尔·卡丹至今未娶，每日回到家中，还要帮着老姐姐做家务。他的助理，是日籍高田美女士，与他密切配合40年。卡丹每次出面应酬接待，她总是伴其左右。他还收养了一对法国夫妇的五胞胎(三男二女，为法国"最高记录")为义子义女，负担其全部费用。

经历了无数的艰辛，在法国东南部的格勒诺布尔，全家人勉强定居下来。老卡丹每天骑马登上高高的雪山采下冰块，运到城里卖给有钱人家，挣几个小钱，维持全家的生计。

一个阳光灿烂的夏日，7岁的小卡丹在草地上拾到了一个布娃娃，那是富

家小姐丢弃的。小卡丹抱着布娃娃回家，从母亲的针线篮子里找来了碎布和针线，在昏暗的油灯旁，精心为布娃娃缝制小裙子。他缝缝拆拆，拆拆缝缝，直到满意方才罢休。布娃娃终于穿上了漂亮的裙子。这条小花裙成了皮尔·卡丹一生中设计的第一件裙子，也预示了他以后的人生道路。

在小卡丹8岁那年，举家迁往圣莱第昂。父亲把他送进当地的一所小学读书。小卡丹对读书不感兴趣。他在放学后经常溜到商店的橱窗前，站在那里痴迷地观看里面各式各样的服装。他14岁便中途辍学，在一家小裁缝店里当起了学徒。

皮尔·卡丹似乎天生就具备做服装的才能，仅两年工夫，他的手艺就已经超过了他的师傅。他常常设计出一些款式新颖的服装，很受当地小姐们的青睐，不时有人上门请他专门设计女装。皮尔·卡丹非常喜欢新奇高雅、款式多样的舞台服装。为了开阔自己的视野，他开始研究各种舞台服装的样式，白天在裁缝店工作，晚上到当地一个业余剧团当演员以积累亲身体验。舞台服装的新奇艳丽给皮尔·卡丹留下了很深的印象，对他的未来设计风格产生了重大影响。

闯荡巴黎

当时，巴黎是欧洲的时装中心，皮尔·卡丹日日夜夜思念花都巴黎。17岁那年，他骑一辆破自行车前往巴黎，可是第二次世界大战已经拉开了序幕。巴黎到处是逃难的人群，大街小巷站满荷枪实弹的德国士兵。由于他违反了宵禁令，被德国占领军关进了监牢，幸亏他不是犹太人，才被释放出来。

时间飞逝，又是五年过去了。皮尔·卡丹的服装设计水平和制作技术又有了很大的进步,他在当地已被认为是最好的裁缝。

有一天,皮尔·卡丹在一家小酒吧喝闷酒,一位神态高雅的老妇人向他走来。她是位伯爵夫人,原籍巴黎,对皮尔·卡丹那身时髦的衣着很感兴趣,主动与他搭讪。当她了解到皮尔·卡丹的身世,知道他的时装竟是自己亲手设计和制作时,便动情地说道:"孩子,你一定会成为一位百万富翁,这是命运注定的!"说完,便把她的好友、巴黎帕坎女式时装店经理的姓名和住址写给了他。

1945年风雨交加的年末,23岁的卡丹便骑着自行车到巴黎去闯世界,他找到了帕坎女式时装店。这家时装店在巴黎很有名气,专门为一些大剧院设计和缝制戏装。时装店老板亲自对他进行了面试。皮尔·卡丹精湛的技艺征服了他,当即被留下。凭着他的勤奋和灵巧,服装设计技术提高很快。为了进一步开阔视野,卡丹又投奔由著名时装设计大师迪奥尔开设的"新貌"时装店。在这里,卡丹增长了见识,积累了领导时装潮流的设计心得和体会,他的设计水平也得到了飞跃。

不久,幸运女神又向皮尔·卡丹召手,使他有机会为著名艺术家让·科克托的一部先锋派影片《美女与野兽》设计服装。皮尔·卡丹为角色设计的刺绣丝绒装一举成名,巴黎服装界引人注目的一颗新星开始发光。这一切,正如他自己后来所说:"我从头到尾地学,从最初画图、剪裁、缝合、试样,直到销售,完全是靠自己学的。"

随后,皮尔·卡丹又到当时法国最权威的时装设计大师夏帕瑞丽的时装店工作了一个时期。夏帕瑞丽是1927年闯入巴黎时装界的,她起初只为一小群女朋友个别设计服装。后来,她的一件黑白两色的针织套衫在巴黎风行一时,套衫胸前有儿童涂

鸦式的蝴蝶形象,这是她从美国移民编织的上衣图案得到的启发。此后她的营业规模越来越大。皮尔·卡丹的成名经历和她很相似,可见他在夏帕瑞丽的时装店里确实学到了不少东西。

1950年他自己开设时装公司,制作演出服装。3年之后,他第一次推出了自己的女装设计。从此,依靠他的创造天才,他所设计的时装,越来越引起上层消费者的青睐。

迪奥曾是领路人

当皮尔·卡丹听说高档服装专家迪奥的设计室有职位空缺时,立即前去应聘。于是,他很幸运地成了迪奥的助手。这对皮尔·卡丹以后的服装生涯起到了不可估量的作用。

迪奥可称为上世纪最重要的时装设计大师,他于1947年提出的"新造型"为他的成功打下了基础。经二次世界大战后,妇女们穿着单调:军装化的平肩裙装,笨拙而呆板,带着沧桑和战争的痕迹。迪奥把它改为曲线优美的自然肩形,强调了丰满的胸、纤细的腰肢、圆凸的臀部,突出和强调了女性的柔美,让女性重新焕发出魅力——巴黎人欣喜若狂,整个世界都注视着迪奥。

1947年,皮尔·卡丹在迪奥公司担任大衣和西服部的负责人,参与了轰动巴黎的"新造型"的诞生。他十分敬重迪奥,在迪奥那儿受益匪浅,从中学到了"高尚"、"大方"、"优雅"的服装理念和制作技巧,但他不甘心长期寄人篱下,内心的创造欲驱使皮尔·卡丹于1949年离开了迪奥,去构筑属于自己的王国。

1950年,正是皮尔·卡丹为他以后的时装事业大施拳脚的岁月。他用全部的积蓄在里什庞斯街买下了"帕斯

皮尔·卡丹首次时装展

1953年,在一间陋室里,皮尔·卡丹第一次举办了个人时装展览。他设计的成套时装式样,千姿百态,色彩鲜明,充满了浪漫情调,颇合巴黎人的口味。再加上皮尔·卡丹独出心裁编排的配有音乐伴奏的时装模特表演,使他的时装作品更具诱惑力。这批时装一上市,立即被抢购一空。报纸的显眼处也尽是皮尔·卡丹的名字。

科"缝纫工厂,并租了一个铺面,独立开办自己的公司,并很快成了举世闻名的服装设计巨匠。

法国高级时装界是一个限制极严,而顾客极有限的特殊行业。时至今日,可称为"高级时装公司"的,也只有23家。所以,皮尔·卡丹很早就意识到:"只有面向众多的消费者才有出路。因为只有扩大消费面,才可能使它产生普遍和广泛的影响,并经受更大的考验。"

一年后,他的第一家时装店在圣君子旧郊区大街正式开张。

制胜妙着:成衣大众化

战后的法国,经济迅速复苏,大批妇女冲出家庭,融入社会生活,整个欧洲的消费大增。法国是世界的时装中心。法国高级时装行业本是一个限制极严、市场狭窄的特殊行业,顾客极其有限,法国的时装设计特点是豪华气派,用料昂贵,在全世界仅有3000多位上流社会的顾客。卡丹第一个看到,高级时装必须在大众中开辟市场,才能找到出路,因此,他奉行"让高雅大众化"的竞争要诀,皮尔·卡丹敏锐地捕捉住这一机遇,毅然提出了"成衣大众化"的口号,并将设计的重点偏向一般消费者,使更多的人穿上时装。

"成衣大众化"在商战中是出奇制胜的妙着,但皮尔·卡丹的创举惹怒了保守的同行,他们群起而攻之,竟联手将皮尔·卡丹逐出巴黎时装女服辛迪加。皮尔·卡丹没有屈服退缩,正如他所说:"我已被人骂惯了。我的每一次创新,都被人们抨击得体无完肤。但是,骂我的人,接着就做我所做的东西。""让高雅大众化",就能面向并掌握更多的消费者。卡丹说:"我虽然是高级时装设计师,但我有一股无

法抑制的热情,我要使自己设计的高雅服装大众化,让更多的妇女和男士买得起,穿得上,使风格高雅的成衣面向人数众多的消费者。"在冲破男式时装设计的禁区后,针对童装的传统单调、平淡的形式,皮尔·卡丹一反传统,设计出怪诞离奇、极富幻想力的系列童装,使得法国童装和高级时装一起走向世界。

皮尔·卡丹以充分的自信和才华,又一次打破常规,他很快又掀起了一股男性时装的旋风。在那些被女性时装长期垄断的橱窗里,开始出现了充满阳刚之美的男性高级时装。

追求卓越

皮尔·卡丹不满法国时装几百年没有男人"席位"的传统,于1959年举办了具有男装系列的时装展示会,毅然推出充满阳刚之美的男性时装。卡丹的这一异想天开引来了保守派的猛烈攻击,他也因此而被赶出了服装业的"顾主联合会"。

1960年前后,皮尔·卡丹开设了两家很出名的时装零售部:"亚当"专营男装、领带及束腰大衣、运动装;"夏娃"则是高级女装商店。光临的顾客不仅是那些富豪、贵族,连法国总统夫人及英国的温莎夫人等都为之着迷。皮尔·卡丹说过:"当我还在迪奥做设计师时,我便立下诺言:等到自己创业之后,我的服装兴许能够穿在温莎公爵夫人身上,而同时连她的门房也有能力购买。"1961年卡丹首次设计并批量生产流行服装,一举获得成功。此后,他连连推出各式各样的、不同规格的流行成衣产品。

人们的意识在不停地发生变化。1962年,法国巴黎时装女服辛迪加在所有会员的要求下,又将皮尔·卡丹重新请回来,并请他出任行会的主

梅西的成功

皮尔·卡丹曾制作过一套白领的红大衣,卖给了美国梅西百货公司,并被大量制作,以美国中产阶级买得起的价格出售,大获成功。他从此联想到若将他设计的服装大批量出售,可能正是一条致富之路。时隔不久,皮尔·卡丹便推出了一系列风格高雅、质料适当的成衣,因其物美价廉,深受消费者欢迎。

席。70年代末,卡丹设计的一种宽条法兰绒上衣,风靡法国、美国,使巴黎、纽约的绅士们为之倾倒。卡丹设计的时装,敢于突破传统,式样新颖,富有青春感,色彩鲜明,线条清楚,可塑感强。他的许多时装被推举为最创新、最美丽和最优雅的代表作,并获得法国时装的最高荣誉奖"金顶针奖"。金顶针奖是法国时装业界最高荣誉大奖,皮尔·卡丹先后三次获得了这项荣誉。

无尽的延伸

为了进一步推进"让高雅大众化",让法国时装文化传遍全世界,他一方面不断扩大公司规模,以顺应大众化市场的需要,另一方面,卡丹还通过转让技术,把设计方案卖给了生产厂家,把商标使用权转让给经营者,他可以从营业款中提取7%~10%的技术转让费。尽管转让费高了一些,可厂商还是纷至沓来。美国有一位叫图林的商人用了"皮尔·卡丹"的商标,一年可以多赚2000多万美元,如果不用"皮尔·卡丹"商标,产品几乎卖不出去。

皮尔·卡丹还把这种大众化的经营方针推广到其他领域,也取得了成功。1981年,皮尔·卡丹以150万美元买下巴黎即将要破产的玛克西姆餐厅。消息传出,巴黎震动,不少人纷纷断言:皮尔·卡丹肯定要破产。

皮尔·卡丹请来专家将餐厅装修一新,在墙上画了希腊神话中的美丽女神,而背景则是一片田园牧歌式的优雅、安静和舒适的情调;餐厅里摆设了线条流畅的精雕木饰,洋溢着一派古色古香而又充满现代艺术风格的气息。皮尔·卡丹又聘请名厨,精心制作食品。他做的最重大决策是:菜肴、价格等全部为普通百姓度身定做,餐厅全天对外开放。

消息传出引起了轰动。玛克西姆餐厅原来是俱乐部

式的，仅对少数会员开放。玛克西姆历来是上流社会来往的场所，因此除了晚上有些客人外，白天几乎都空着。现在，皮尔·卡丹居然将这一对于大众来说非常神秘的餐厅面向全社会开放，自然引来顾客如潮。现在花少量的钱就能进去做一回高级"上帝"，老百姓当然要去看看了。随着玛克西姆餐厅营业额逐月上升，皮尔·卡丹将分店开到了世界各地。

> **北京第一家中外合作经营的西餐厅**
>
> 1983年，卡丹在北京开办了巴黎马克西姆餐厅，把一个具有百年历史的豪华西餐厅"克隆"到北京。几何状桃花木贴板、墙壁上的鎏金藤条图案、枫栗树叶状的吊灯和壁灯、似乎望不到尽头的水晶玻璃墙、摹自罗浮宫的古典壁画、绚丽的彩画天花板、缤纷的绘图玻璃窗，使人仿佛置身于19世纪的法国宫廷。

1974年12月，皮尔·卡丹登上了美国《时代》杂志的封面，该杂志对他的评论是："本世纪欧洲最成功的设计师。"现在，在世界五大洲的80多个国家里，有600多家工厂在按照卡丹的设计，制造"卡丹"牌和"马克西姆"牌的各种产品。有5000多家"卡丹"与"马克西姆"专卖店，其年营业额已超过100亿法郎。其总资产估计已达到10亿美元。

卡丹品牌年利润12亿美元

皮尔·卡丹除了设计时装外，还设计家具、灯具、装饰品、日常用品，甚至还有汽车和飞机造型。他设计的飞机，机身呈黑红白三色条纹，展翅蓝天，仿佛色彩斑斓的蜻蜓在空中飞翔；他设计的汽车呈流线型，表盘、方向盘都很别致，令人耳目一新。今天，在120多个国家与地区，每天有20万人在600多家工厂里生产着他的800多种不同的专利产品，其中包括"皮尔·卡丹"和"马克西姆"两个牌子。

皮尔·卡丹公司每年卖出的设计草图多

达千余件, 大部分细部设计则交给得到商标使用权的各地商人, 用他们的思想去根据当地的实际情况均匀提成。皮尔·卡丹只掌握授权公司4%至10%的股份, 这就使得他的服装设计更容易走向市场。

全球以卡丹品牌生产的商品, 年利润超过12亿美元。皮尔·卡丹领导了这场商业革命, 他也是这场商业革命中的最大受益者。

目前世界上有四大服装中心, 巴黎理所当然排在首位。在巴黎, 许多店里都有卡丹的一方天地, 但要寻根求源, 一定要去奥诺里大街82号, 那儿是名扬世界的卡丹帝国的首府, 皮尔·卡丹服装艺术的发源地。就位置而言, 整个法兰西, 恐怕再也找不到第二家这样显赫的门牌了——二十几米之外的马路斜对面, 便是法国的总统府。卡丹总部是一座旧式建筑, 两扇老式的大木门上留有一小门, 只容单人进出。卡丹只要在巴黎, 就会每日四次进出这座木门。

在卡丹总部不远处, 坐落着一座旧楼, 这就是皮尔·卡丹的家。一个旧而小的门, 关得紧紧的。风风雨雨几十载, 皮尔·卡丹每日都要从这道小门里进出步行上下班, 一次十来分钟, 正好做户外活动。房子的主人有两位, 一位是皮尔·卡丹本人, 另一位是他年逾九十的姐姐。白天, 姐姐一人在家;夜晚, 姐弟二人用故乡威尼斯方言交谈, "童年"是永恒的主题。

第三节　皮尔·卡丹的中国情结

最具亲和力的国际友人

皮尔·卡丹时装是最早进入中国市场的国际品牌。

早在20世纪70年代,当卡丹预见到这个文明古国蕴藏的商机时,其他的法国同行多是持怀疑的态度观望着他。而现在,中国已经成了国际诸多大品牌群雄逐鹿的战场。

为中国女孩试衣服

皮尔·卡丹与中国的渊源要追溯到1978年。那时,他是第一位来到中国的欧洲设计师。

1979年,在中国的大街小巷,满眼还都是军绿色,来中国推销时装、筹办时装秀并非易事。但就在此时,皮尔·卡丹举办了中国有史以来第一个国外品牌的时装展示会。

第二次来中国的时候,皮尔·卡丹带来了不少他珍藏的时装精品。当时接待他的单位是中国服装联合会。为了展示自己的品牌,皮尔·卡丹很想找个模特儿试穿一下自己的"宝贝"。正好,当时办公室里就有一位迷人的秘书小姐,卡丹请她代为试穿。

因为第一次来中国旅游的时候,皮尔·卡丹觉得中国人的身材都很娇小,所以这次带来的衣服尺码都不大。可眼前的秘书小姐虽说个头不大,身形却较胖。她起初犹豫要不要试,卡丹忙说不要担心,试一下吧,即使不合适,可以在一天之内修改好。可当秘书将外衣脱下来的时候,卡丹惊呆了。女秘书外衣里面居然穿了薄厚不一的八件衣服:红的、黄的、蓝的,各种颜色的……原来,她不穿这么多衣服的话,身材还是很纤细的。当秘书小姐换上卡丹拿出来的衣服时,在座的人都被她的美丽惊呆了。

在那之后,卡丹在中国参观了纺织厂、丝绸加工厂,还在北京地区做了调研,看是否能够建立工厂。从那时开始,他在中国有了生意上的伙伴。虽然,最初他很难立刻将时尚融入中国社会,但中国的朋友和生意伙伴给了他很多帮助。

中国首个时装秀震欧美

成功抛出敲门砖以后,皮尔·卡丹开始和中国纺织协会及北京市进行联络,向中国引进模特时装展示。

在皮尔·卡丹的记忆中,当时他所接触的中国人是非常通情达理的。他们愿意接受新鲜事物,因为他们需要扩大中国的服装进出口市场。而让中国的模特走向国际舞台,就是卡丹给中国支的招。

卡丹和中国的官员一起,挑选了一些身材修长、高挑的中国女孩。这些女孩子都很有灵气,稍加培训,她们走起步来就有了些模特的味道。卡丹把这些女孩带到巴黎,进行了一些模特培训,然后就让她们走上了巴黎的T台。没想到,这次表演一炮打响,引来媒体的争相关注。世界开始关注中国的模特,关注从中国走出来的时尚代言人们。中国纺织协会当时的负责人,以及北京市政府方面也欣然接受了这样的T台秀。

后来,皮尔·卡丹又把这些女孩带回北京,在北京推出了时装秀。这次,感到震惊的首先是在京的欧美观众,他们不明白,皮尔·卡丹用了什么方法,能让中国人抛弃原有的陈旧而保守的衣着。而中国的男孩女孩也被他们眼前的模特惊呆了,这引起了他们对时尚的认识和追求。

经常自比马可·波罗

卡丹帝国的触角早已伸向了世界各国,但在海外市场中,卡丹把中国市场放在最主要的地位。至2007年,皮尔·卡丹在中国有20家代理商,生产全系列的服装供应中国市场。另外,他还在北京和上海开了两家马克西姆餐厅,供应正宗法国大餐。

他曾多次说,自己年纪大了,希望把公司卖给一个有才华的企业或设计师,但中国市场是个例外。因为中国的市场将是世界上最

"P"字牌服装

"P"字牌服装——图文对比和谐,宽窄长短相宜,生气勃勃,豪放洒脱,体现舒适、飘逸、挺拔和争娇斗艳,古朴典雅的风格。当时巴黎青年,追求独特的个性,喜欢张扬。使得演艺界名流、社会上层人士、达官显贵等争相慕名前来订制服装。

具竞争力的，卡丹不希望把他30多年辛勤耕耘的中国市场拱手让给一个对中华文化没有深厚感情的人。

皮尔·卡丹出生在意大利威尼斯。从西方到东方，作为闯入中国时装界的第一个外国人，他说自己的经历就像马可·波罗一样。他现在正筹备音乐剧《马可·波罗》，作为2008年奥运会送给中国的礼物。他表示，这个礼物印证了他和中国难以挥别的情结。

多才多艺的卡丹

皮尔·卡丹=卓越+创新+高雅大众化皮尔·卡丹。

法国少年皮尔从小就喜欢舞蹈，他的理想是当一名出色的舞蹈演员，可是，因为家境贫寒，父母不得不将他送去一家缝纫店当学徒工。皮尔苦闷自己的理想无法实现。他认为，与其这样痛苦地活着，还不如早早结束自己的生命。就在皮尔准备自杀的当晚，他突然想起了从小就崇拜的有着"芭蕾音乐之父"美誉的布德里，他决定给布德里写一封信，在信的最后，他写道，如果布德里不肯收他这个学生，他便只好为艺术献身跳河自尽了。很快，皮尔便收到了布德里的回信，谁知，布德里并没提收他做学生的事，而是讲了他自己的人生经历。

布德里说他小时候很想当科学家，因为家境贫穷无法送他上学，他只得跟一个街头艺人过起了卖唱的日子……最后，他说，人生在世，现实与理想总是有一定的距离，在理想与现实生活中，人首先要选择生存，一个连自己的生命都不珍惜的人，是不配谈艺术的……布德里的回信让皮尔猛然省悟。后来，他努力学习缝纫技术，从23岁那年起，他在巴黎开始了自己的时装事业。很快，他便建立了自己的公司和服装品牌。现在皮尔·卡丹不但成了令人瞩目的亿万富翁，以他的名

设计与戏剧兼得

皮尔·卡丹不仅是一个高级服装设计师，同时也是一个喜剧推广人，世界各地的艺术家常来见卡丹先生，跟他磋商每年要在法国上演的剧目。他在法国拥有四个剧院。除了每天到自己的时装设计室里工作起码两个小时以上，每天的下午和晚上，卡丹会被各种活动邀请，如观看一些音乐会、话剧等演出。

字命名的产品也遍及全球。皮尔·卡丹在一次接受记者采访时说,其实他并不具备舞蹈演员的素质,当舞蹈演员只不过是年少轻狂的他的一个虚幻的梦而已,如果那时他不放弃当舞蹈演员的理想,就不可能有现在的皮尔·卡丹!

第四节　皮尔·卡丹品牌

皮尔·卡丹品牌服饰介绍

皮尔·卡丹(Pierre Cardin),是50年来服装界成功的典范,也是一个闻名全球的品牌。1950年,在创造欲的驱使下,皮尔·卡丹开始独立创业。从此,他凭借独特的创造力和高明的经营眼光,不断开拓设计领域,在五光十色、群芳斗艳的巴黎,皮尔·卡丹品牌很快打开了市场。

大胆突破,始终是皮尔·卡丹设计思想的中心。他运用自己的精湛技术和艺术修养,将稀奇古怪的款式设计和对布料的理解,与褶裥、绉、几何力形巧妙地融为一体,创造了突破传统而走向时尚的新形象。皮尔·卡丹设计的男装如无领茄克、哥萨克领衬衣、卷边花帽等,为男士装束赢得了更大的自由。甲壳虫乐队穿的皮尔·卡丹式高钮位无领夹克衫就是60年代时髦男子的必备,在与高圆套领羊毛衫一起穿着时,显示出一种悠闲而不失雅致的风貌。皮尔·卡丹(Pierre Cardin)女装擅用鲜艳强烈的红、黄、钻蓝、湖绿、青紫,其纯度、明度、彩度都格外饱和,加上其款式造型夸张,颇具现代雕塑感。

皮尔·卡丹认为过去服装在设计上生硬地划分时装的性别,从而导致设计的失败,所以他创造了没有明显性别特征的服装,并命名为"无性别装",结果又使他声名鹊起。

皮尔·卡丹的创作从男装、女装、童装、饰物到汽车、飞机造型;从开办时装店到经营酒店,几乎无所不包。皮尔·卡丹拥有600多种不同的专利产

品,为皮尔·卡丹工作的人员达17万人,分布在近百个国家和地区。

皮尔·卡丹品牌遍及五大洲,每天约有600家工厂企业生产Pierre Cardin和Maxims品牌的各种服装、香水、家具、食品及器皿,据说如果把Pierre Cardin品牌的领带连接起来可以环绕地球一周。

> **皮尔·卡丹帝国**
>
> 皮尔·卡丹(Pierre Cardin)不无得意地说过:"用'Pierre Cardin'作牌子的一切都属于我。我可以睡Cardin床,坐Cardin软椅,在我设计的餐厅里进餐,用我的灯照明。去剧院看戏,到展览会参观,都可以不出我的帝国。"

随着中国百姓生活品质的日益提升,床上用品必将成为中国纺织业最重要的一部分。经过严格筛选与考察,最终选定并授权深圳迪伟亚服饰发展有限公司为"皮尔·卡丹"床上用品中国(香港)、(澳门)地区的唯一总代理商。为了开拓"Pierre Cardin"床上用品在中国的市场,迪伟亚选择的战略合作伙伴——中国流行色协会家纺设计工作室,组织了强大的产品花型和款式设计阵营。关注当今国际流行元素花型、面料、工艺,共同研发新产品、新花型,使产品与世界时尚同步流行,也保证了产品的原创性和国际化时尚设计风格。

最新状况

至2009年6月,皮尔·卡丹在140个国家有800多种产品授权。

2009年皮尔·卡丹品牌服饰旗舰店陆续在中国各大知名B2C商城上开展自己的电子商务模式的经营,淘宝商城、365商城等知名网购平台都有皮尔·卡丹的品牌店铺。

2010年3月皮尔·卡丹PC819的问世,给全球商务

办公带来了一种全新的感受。甩开枯燥乏味单调统一的笔记本,皮尔·卡丹PC819用其独特的品位和精湛的手工,在办公之时也尽显贵族风范,是时尚、成功、精英人士之首选。

2010年5月,皮尔·卡丹中国羽绒服总代理商,状告TB侵权,销售伪劣假冒皮尔·卡丹。由于种种原因,法院没有立即判决,而TB上依然众多卖家。

2010年6月,皮尔·卡丹将中国内地的服装、鞋帽等部分项目,作价3700万欧元,卖给了中国商人孙小飞。在中国第九大道成为皮尔·卡丹代理商之一,创造了突破传统而走向时尚的新形象。

2010年10月,皮尔·卡丹重返阔别10年的巴黎时装周,再次引爆世界时尚潮流,期间展示的时装多达250套,为巴黎时装周展示之最。

2012年4月1日,皮尔·卡丹亮相北京,在水立方带来一台主题为"光之城"的时装发布,年过九十的设计师亲自操刀设计包括120套女装和60套男装的全部服装,并亲临现场和90多位名模共同完成时装秀。

第四章 "狼族教父"——周少雄

为狼倾倒

十多年前,齐秦的一首《北方的狼》,倾倒了无数歌迷。十多年后的今天,由周少雄领导的福建七匹狼公司,独具魅力,成为福建省第一家在深圳中小企业板块挂牌上市的公司。他带领"七匹狼"从狼文化、狼故事的传奇中一路走来,演绎成功男人的故事,体现奋斗中男人的衣着生活状况,设计着全新的生活方式,使得"七匹狼"在高密度竞争的服装业脱颖而出,巍然挺进行业品牌的第一阵容。

第一节 走近人物

个人简介

周少雄,泉州晋江人,经济师。1965年,出生在晋江市的金井镇,那是大陆距离金门最近的地方,也是素有"小香港"之称的著名侨乡。1983年参加工作,曾任福建省晋江金井侨乡服装工艺厂厂长,福建七匹狼制衣实业有限公司总经理,七匹狼集团总经理。现任福建七匹狼实业股份有限公司董事长、总经理。

他中等个子,有些瘦,给人感觉儒雅、智慧、亲切;他看上去很年轻、很阳光,脸上经常挂着笑容。他那张典型的南方男人的脸上,透露出智慧和坚韧。然而令人们不曾想到的是,周少雄特别喜欢"狼",不仅如此,他还用

"狼"作为企业的形象,企业的文化内涵。

周少雄先生还热心公益事业,公司多年来举办并赞助各种公益活动:捐助灾区及希望工程,与北京大学新闻研究中心合作创立"七匹狼文化发展基金",在全国十所大学中设立"七匹狼奖、助学金"等,使"七匹狼"在创造经济价值的同时也坚持以实际行动回馈社会,并且呼吁和影响了更多企业共同投身中国公益事业,赢得了社会的广泛尊重。

现任职务

七匹狼实业股份有限公司董事长;

亚洲时尚联合会中国委员会主席团主席;

中国服装协会副会长。

第二节 狼行天下的财富之道

丢掉金饭碗干起小买卖

"爱拼才会赢"是闽商的一种精神信念,也是闽商在商场上昂扬斗志和不畏艰难的写照。15年的努力,周少雄是如何用他的"狼文化"把七匹狼从一个乡镇小企业,成长为一个上市公司的呢?

周少雄的起步其实没什么传奇色彩。

1985年,闽南的一个海边小镇——晋江金井,出现了一家名为晋江县金井劳务侨乡服装工艺厂的小企业,和当时其他的民营企业一样,它也是挂着集体企业的名号,这就是"七匹狼"的雏形。用周少雄自己的话说:"一开始只是做些小买卖,买布料,后来慢慢积累,做了两三年后,就萌发了做服装的想法,开办了服装厂。"

这样的故事在上世纪80年代的泉州可以说是举不胜举。许多在贫困中苦熬了多年的闽南人,凭着一股最原始的摆脱贫穷的念头四处打拼。不

同的是，周家三兄弟在经商之前都有一份不错的工作，老大周永伟在银行工作，老二周少雄在新华书店工作，这在当时的农村可都算得上是金饭碗。

一个偶然的机会，周少雄参加了一个展商会，回来后他就把工作辞掉，开了一个贸易公司。在那时，有勇气扔掉金饭碗去经商的人可是不多见。

父母自然都极力反对，但是周少雄还是抱着"出去闯闯，总不至于饿死"的念头走出了家门。

起初，做面料贸易，因为没有经验，加上看起来太年轻，难以让别人相信他会做生意，因此没赚到什么钱。但周少雄并不灰心，而是继续等待机会，几年的生意经历，周少雄跑遍了大半个中国，吃够了苦头，终于攒下一笔钱。

更重要的是，苦难造就了他的坚韧、耐心和对市场的敏感。经过几次折腾，慢慢有了一些积累，两三年后，周少雄开了家服装厂，他成了晋江金井侨乡服装工艺厂的厂长。

资本：一群齐心的创业伙伴

在经营中，周少雄惊讶地发现，当地的服装与海外那些胸前绣有商标的服装价格反差很大。为什么不能靠自己的力量创出一个国产品牌呢？强烈的创业欲望在周少雄与他的伙伴心中萌发了。

出于对狼的团结和奋斗精神的欣赏，周少雄和他的兄弟伙伴们选择了狼作为品牌标志。"由于名字怪异，专柜一开始亮相时，每个人

"七匹狼"的来历

七个年轻人坐在一起研究海外有着各种各样图形图案的品牌，发现很多都是由动物组成的，于是开始选择一个有含义的动物，最后选择了狼，因为狼是非常有团队精神的动物，具有机灵敏捷、勇往直前的个性，而这些都是企业创业成功不可缺少的素质。既然是七个人一起创业，于是就定下了"七匹狼"。巧合的是，按闽南风俗，"七"代表"众多"，而"狼"与闽南话中的"人"是谐音，这个名字再合适不过了。

从那儿走过都会不由自主地多看两眼,念叨着'七匹狼、七匹狼'走过去,这样很快我们的品牌就被很多人记住了。"

谈到这些,周少雄爽朗地笑了。看到许多刚发展起来的企业,因为人心不齐而导致了最终失败,周少雄与他的同伴们发誓:为了共同的未来,大家一定要像狼一样,精诚团结,创出一流的牌子。

成名:"真狼"胜"假狼"而因祸得福

任何名牌产品都离不开"优质"两字。"七匹狼"创办伊始,周少雄便提出经营的指导思想:宁愿暂时不赚钱,也一定要在服装的质量与款式上下功夫,追求高品质,力争创名牌。为此,公司利用侨胞台胞的渠道,及时捕捉海外服装新款信息,引进了当时最先进的设备与部分优质面料,高薪聘请海内外服装设计师,并在各大城市建立销售网络。

1990年6月,"七匹狼"进军中国服装界最大的市场——上海,结果一炮打响,其茄克系列立刻以面料精良、款式新颖、穿着舒适的上乘品质,成为市面上的抢手货,不久便成为人们交口称赞的名牌。

时隔一年,许多不法商人以仿冒的"七匹狼"茄克来争夺市场,这在当时的服装市场上是非常普遍的现象,但周少雄却以此为机会。周少雄告诉记者,其实当时的中国服装企业几乎没有所谓的品牌意识,"品牌只不过是贴在衣服上一块漂亮的小图案而已,除此之外,别无他用"。他却策划了一场现在看来都还算是经典的营销案例:"七匹狼"大张旗鼓进行打假,将数家仿冒者告上法庭,一时间"真假狼之战"成了上海、北京、广州等地媒体的头版新闻,"七匹狼"因此名声大振。

事实证明,周少雄的这种做法,不仅没有影响到七匹狼的名气,反而成功地提升了其品牌的知名度。七匹狼公司最终借助法律手段,将假"狼"全部驱逐出市场。"真狼战胜假狼","七匹狼"茄克"因祸得福",从

此名声远扬,风靡大江南北,被誉为"茄克之王"。

周少雄坦言,打假事件让他深知品牌的重要性,最后他们把坏事变成了好事,"七匹狼"的品牌也获得了很大的发展。有关营销专家事后分析说,打假事件确实显示出周少雄在营销理念上的过人之处。

就在这一年,周少雄和他的"七匹狼"开始崭露头角。

> **曾获荣誉**
>
> 1993年,被评为"福建省优秀青年企业家";
> 1999年,获得"影响中国服装业的50个人"殊荣;
> 2004年,被评为"2003福建十大经济年度人物";
> 2005年,获得"全国纺织企业家创业奖";
> 2007年,荣获"2007年聚人气企业家"奖项。

转折:率先采用营销代理制

与许多企业一样,上个世纪90年代,七匹狼由于在房地产项目上投入大量资金,再加上当时遇到国家宏观调控收缩银根,企业在资金周转上遇到非常大的困难。

周少雄说,那几年,他整天都在为资金发愁,七匹狼在那几年基本处于调整阶段,在苦苦地支撑着。而且糟糕的是停滞的那几年,国内其他地区服装业发展十分迅速,整个闽南服装产业开始落后。

穷则思变。1995年,当时国内服装企业大多沿袭商场代销或者是市场批发模式,此时周少雄又果断提出让七匹狼率先在国内采用代理制的经营模式,这一转变立即给七匹狼重新崛起带来生机,并成为大多数品牌企业普遍跟随的营销模式。

铸品牌:找齐秦做代言人

"七匹狼"的发展并没有就此一帆风顺。在服装界出名后,当时国家政策鼓励企业贷款,"七匹狼"便以贷款来迅速扩大投资规模,但由于缺乏计划性,在固定资产上投资过快,没有协调好规模发展与季节发展的关系,过大的投资与经营网络,却没有一个很好的配套管理团队与行销班子,于是当国家宏观调控出现紧缩时,企业一方面要清还大的贷款款项,另一方面又没有流动资金可以继续运转,这在一定程度上制约了当时的发展,使生产与销售都陷入了困境。

1994-1995年是许多服装品牌飞速发展的阶段,而原先已在服装界捷足先登的"七匹狼"却从强势品牌变成了弱势品牌。一个已被人们认可的品牌却没有发扬光大,企业危机重重,差点被市场淹没。在严重的挫折面前,周少雄与"七匹狼"的高层领导痛定思痛,及时调整了经营战略,重新审视与观察市场的切入点与关键点,敏锐地捕捉市场的新动态,决定一切从头做起。

当时服装企业的产品销售仍沿袭几十年不变的传统销售概念、流通渠道和产销模式,而"七匹狼"作为一个异军突起的全新产品,如果按部就班,期待在短期内再次引发轰动效应,获得广大消费者的认同,难乎其难。

于是,"七匹狼"另辟蹊径,匠心独运地制定出一套以"狼"文化概念为核心的"名牌、文化与企业"一体的市场营销战略,在以务实勤劳的作风改变经营渠道、管控方式的同时,迅速引进新的营销手段,采用了周转周期快的流通方式,先将批发渠道改成总代理制,后又开创出全新的特许专卖经营模式。而专卖店不仅只是在卖服装,还特别注重企业文化与品牌文化的双重塑造,这是"七匹狼"渡过危机的很重要的因素,而多年建立起来的诚信体系也为扭转困境起了很大的作用。

2001年,积蓄了数年实力后,周少雄终于爆发了自己的能量。就在这一年,"七匹狼"重新风靡全国。据当年全国商业信息及原国家内贸部统计局的数据表明,"七匹狼"的夹克市场占有率位居全国第一!也就是从这一年开始,媒体开始将周少雄的"七匹狼"与杉杉、雅戈尔等中国服装业的龙头企业相提并论。

至此,"七匹狼"终于确立了自己在休闲服装领域的领先地位。

然而,已经功成名就的周少雄并没有停止自己的奋斗。2002年,他再次向业内展示了自己的雄心,力邀齐秦为形象代言人,从而将当年的明星代言热潮推向了一个新的起点。

周少雄说,"七匹狼"展示着狼的个性,传递着狼性之美;齐秦与七匹狼的品牌文化内涵不谋而合,七匹狼也就拥有了最匹配的

> **"狼族文化"**
>
> "狼族文化"就是用狼的优点来启示人们面对人生的正确态度,推崇跟自然界的互动、优良价值观的共勉,使得人们在享受产品的使用价值时也得到了它的附加价值。好的文化内核我们要保存为特色,与时代、与时尚共同前进。

形象代言人。而狼的团队精神,狼与狼之间的默契配合,是狼成功的决定性因素。狼的世界里充满了所有的被人类推崇的高贵品质———合作、忠诚、交流、专注、耐心、锲而不舍、富有战略等等。这些特征,正是一切成功和渴望成功的人士所必备的特质。

周少雄把"七匹狼"这种精神凝炼、升华成为一种"狼文化"。在他看来,作为一个男性,一个奋斗者,是最具狼的个性:狼的孤独沧桑、狼的荣辱胜败、狼的勇往直前、狼的百折不挠、狼的精诚团结……这些正是"追求成功人士"必经的心灵历程,非常容易引起奋斗中的男人的共鸣。

为品牌上市:像狼一样守住目标做强者

2004年,福建七匹狼实业股份有限公司成为深市中小板第9只上市股票,这也是福建省第一家在深圳中小企业板块挂牌上市的公司。而这对于一个做服装的企业来说是十分不易的。

"我们从2000年开始改制,到今天成功上市,期间投入的成本已有上千万元。"周少雄说,很多当地人都笑他傻,不明白他"又不缺钱,为什么要上市"。

周少雄解释说:"我们所做的一切,都是为了'七匹狼'这块牌子。七匹狼创立之初就立足国内市场,而没有通过为其他知名品牌贴牌加工成为

出口型企业,为的就是打响自己的品牌。"

但是,独立上市的观点一开始还是在企业内部引发了一定的争论。毕竟,资本是一把双刃剑。经过两三年的讨论,周少雄说服了自己的兄弟和伙伴,让公司顺利地登上了中小板,成为沪深两市男士休闲装品牌第一股,共计发行A股2500万股,按照发行价7.45元计算,七匹狼公司市值将达到6.33亿元,周氏家族也由此成为控制财富值达到3.18亿的财富新力量。

而上市也让"七匹狼"受益匪浅。规范化的管理让周少雄更省事,募集的资金可以让周少雄做更多的事,合作的伙伴更多了,合作的层次也提升了,当然,"以前是为自己打拼,现在更多了一份责任感"。

"我们要做强者,因为我们认为,在自然界的进程中,在市场化过程中,你不强,就要被淘汰,没有人能够例外。"周少雄认为,要生存,就要比别人更能适应环境。只要像狼一样牢牢守住目标,相信自己,相信伙伴,很少有办不成的事情。

在周少雄看来,服装企业上市,对于中国众多的服装企业来说,是一个敏感而又吸引人的话题。上市本身对公司的管理就是一个挑战和提升,面对资本市场的利益诱惑和风险系数,上市必须是建立在理性分析的基础上。

上市后,通过网上交流会,他们从方方面面听到了广大投资者对公司股权分置改革坦诚的建议,实际上市对于企业的健康成长是很有裨益的。因此,七匹狼上市之后依然继续专注于服装领域。

让"狼族"伙伴富裕起来

如今的"七匹狼"已朝着多元化的方向发展。但有一点,周少雄说,是决不会改变的——全力打造男性族群文化。

作为中国休闲装销售量最高的企业,周少雄说,他们对未来充满着美好的憧憬。在全国范围内,七匹狼正在形成一种有别于其他竞争品牌

的特质,在国内同类市场上处于领先地位。走
国内同行业相同的道路,满足于过去的辉
煌,不是"狼族"人应有的精神面貌。周少雄
认为,要做强者,因为在自然界的进程中,在
市场化过程中,你不强,就要被淘汰,没有人
能够例外。

> **周少雄解释狼**
>
> 人对不了解、不熟悉的事物总是会
> 有理解上的偏差。狼其实是一种非常讲
> 究团队精神,非常重视自身力量积蓄的
> 动物,是生物链的最高终结者。狼的很多
> 特质是需要人去挖掘与学习的。

要生存,就要比别人更能适应环境。只要
像狼一样牢牢守住目标,相信自己,相信伙伴,很少有办不成的事情。

谈起成功的经验,周少雄说,同一个人,在不同的人生阶段对成功的
定义也会有所不同,成功不是一成不变的,也不是靠固守已开辟出来的疆
土就能永远把握住成功的脉络。经营一个企业,一开始,成功可能只是你
把自己的事业经营好了,就算成功。接下来,必须考虑的还有你身边的七
匹狼员工,让"狼族"伙伴都富起来,对一名企业家而言,这是更大的目标、
更大的成功。

经过十几年发展和积累,七匹狼企业的制造基础已经成为中国服
装业对抗洋品牌的优势资源。入世后,世界服装业向国内转移的事实
证明,外商是想利用中国的制造能力来谈合作。基于此,七匹狼不会因
为要搞品牌经营而放弃生产事业,相反还要加强它。在周少雄看来,
公司的生产事业不仅是公司盈利的基础,而且也是促进品牌发展的发
动机。

第三节 七匹狼品牌

品牌简介

七匹狼品牌创立于1990年,恪守"用时尚传承经典,让品牌激励人生"
的企业使命。

2012年七匹狼品牌广告画面在立足于对博大精深的中华传统文化积极挖掘的同时,将西方流行时尚元素融于自身设计理念,并致力于推动中国传统文化与现代时尚创意产业的契合。七匹狼不仅为人们提供丰富的产品,更提供一种文化精神与生活方式。

2012年,七匹狼男装荣获中国消费市场最具影响力品牌,茄克衫连续十二年综合市场占有率第一。二十二年来,七匹狼坚持从品质着手,不断创新,致力于为时尚商务男士打造高品质、高格调服装,是"品格男装"的代表。

七匹狼品牌文化

品牌精神:挑战人生,永不回头,相信自己,相信伙伴。

品牌理念:追逐人生,男人不只一面。

品牌价值观:诚信、责任、专业、创新。

品牌愿景:成为中国男装第一价值观品牌。

品牌定位:品格男装。

品牌使命:用时尚传承经典,让品牌激励人生。

七匹狼通路营销

七匹狼率行业之先导入CIS系统,引入特许经营。采取直营与特许加盟相结合的渠道管理模式,通过缜密的ERP营销信息管理、科学的营销培训以及适时的营销服务,与全国的合作伙伴形成良好的沟通与良性的互动,构建起互惠互济的共赢体。

发展至今,七匹狼全国终端网点已达3800多家,并在全国设立福建、北京、上海三大物流与信息中心,二十多个省级物流与信息分部,通过先进的信息网络系统对销售网点进行适时的物流配送服务和信息交流服务,最终通过终端网络将产品和价值观传递给终端客户。

　　从2007年起,七匹狼在全国开设多家大型旗舰店和生活馆。在多种不同风格的店铺中,七匹狼把传统男装、男性服饰、家庭服装、家居用品等合为一体, 全方位地诠释现代男性生活的方方面面, 最终展现一个拥有温柔、孤独、英雄、领袖等多种气质的男性形象,以终端渠道的建设来衬托出品牌的内涵。

第五章　引领世纪潮流的香奈儿

人物名片

　　COCO是她的小名,很多人更愿意,也更容易记住这个可爱的称呼。毕加索称她是"欧洲最有灵气的女人",萧伯纳给她的头衔则是"世界流行的掌门人"。虽然她已经离世很久了,但是其经典的风格一直是时尚界的鼻祖。孤儿出身的她引领了一个世纪的潮流,她将继续影响今后的时尚导向,她就是香奈儿香水创始人——卡布里埃·香奈儿。

第一节　走近人物

　　香奈儿夫人(GABRIELLE CHANEL)出生于1883年,逝世于1971年,COCO是她的小名。她是一对法国贫穷的未婚夫妇的第二个孩子。她6岁时母亲离世,父亲更丢下了她和4个兄弟姐妹。自此,她由她的姨妈抚养成人,儿时入读修女院学校(Convent School),并在那儿学得一手针线技巧。在她22岁那年,即1905年,她当上"咖啡厅歌手"(Cafesinger),并起了艺名"Coco",在不同的歌厅和咖啡厅卖唱维生。在这段歌女生涯中,Coco先后结交了两名老主顾,成为他们的情人知己,一名是英国工业家,另一名是富有的军官。于1913年在法国巴黎创立香奈儿品牌。

第二节　香奈儿传奇之旅

香奈儿女士是香奈儿品牌的创始人，即便是对这个国际奢侈品品牌有诸多了解的人，或许对香奈儿女士的了解也并不多，但是作为一个真正的品牌内涵来说，受其创始人的影响是不可避免的。往往品牌创始人拥有何种性格以及态度，多数都会在自己的品牌上赋予一二。

不幸童年成就时尚风格

香奈儿生于1883年，是一对法国贫穷的未婚夫妇的第二个孩子。她的父亲是来自塞文山的杂货小贩，母亲是奥弗涅山区的牧家女。据说，香奈儿出生在法国索米尔；另一说法是生于法国南部山区奥弗涅。实际上，关于她身世的传说，历来众说纷纭，加之香奈儿至死竭力回避和掩饰，就更使她的出身蒙上一层迷雾。

香奈儿的童年是不幸的。在她6岁时就经历了人生第一次巨大创痛：她的母亲刚刚病逝；她做流动商贩的父亲，将她们姐妹送进了科雷兹省的奥巴辛孤儿院。他答应会回来接她们，可是她们从此以后就再也没有见过他……自此，她由她的姨妈抚养成人，儿时入读修女院学校(Convent School)，并在那儿学得一手针线技巧。奥巴辛这座古老的修道院，属于严冷肃穆的西都教派。它在加布里埃·香奈儿心里留下了难以磨灭的印记，启发了她日后的"风格"。

正是在这样严格艰苦修道院环境生活了七年的经历，让她淬炼出一种独特美学，一种混合着简约、庄重和奢华的美：一方面是日常生活中素净的修女服和孤儿院童的黑袍白领连衣裙，那特

有的朴素与简洁的纯粹;另一方面,则是弥撒时神职人员圣袍和法器的绚烂华美……

今天,我们依然可以从修道院的建筑里找到她设计的大量语汇,例如星星、月亮、太阳等。当时教堂地面上用扁圆鹅卵石铺成的图案装饰,就出现在她于1932年推出的"Bijouxde Diamants"钻石珠宝展中。还有,奥巴辛孤儿院通往小教堂的那座楼梯,后来香奈儿女士在她位于海滨度假胜地洛克布鲁的La Pausa乡间别墅里,更是照原样忠实地复制了一座。

小教堂的彩绘玻璃给了她什么启示?她必定凝视了许久许久。那些镶有黑边、彼此交缠的图案,在她选择双C标志作为品牌标识时,或许就浮现在她的脑海中。至今在香奈儿许多设计作品里,仍然可以见到这个简洁的经典标志。

这些早年经验中的细节不断撞击着她的想象,激发着她的创造力:无论是在装饰她的寓所,还是在设计高级珠宝或者构思香水和化妆品包装时,成长时期的视觉印象依然不断出现。奥巴辛的宁静也在潜移默化地影响着她。那是冥想和心灵的宁静,是修女的与世隔绝和无父无母的孤独,伴随了她一生。

开辟人生新面孔

香奈儿16岁时,耐不住孤儿院与世隔绝的生活,在一天夜里勇敢地翻出院墙,跑到离家乡较远的穆兰小镇上开始了她独立的、全新的生活。

在她22岁那年,即1905年,她当上"咖啡厅歌手"(Cafesinger),并起了艺名"Coco", 在不同的歌厅和咖啡厅卖唱维生。香奈儿25岁那年,她遇到了生命中的第一位情人——巴尔桑,使她的命运有了转机。

这期间,当地有个名叫艾蒂安·巴

香奈儿正品识别方法

双C:在chanel服装的扣子或皮件的扣环上,可以很容易地发现双C交叠而设计出来的标志。

菱形格纹:从第一代chanel皮件受到喜爱之后,其立体的菱形格纹竟也成为chanel的标志之一。

山茶花:"山茶花"是chanel王国的"国花",经常被运用在服装的布料图案上。

尔桑的富家子弟，与香奈儿一见钟情，两人迅速坠入爱河。香奈儿不愿拘囿于狭小的穆兰小镇，迫切地想出去见见大世面。于是，在20世纪初，巴尔桑把乡下孤女香奈儿带到了世界大都市巴黎。一到巴黎，香奈儿就为眼前光怪陆离的一切眼花缭乱，激动不已。最初的激动和新鲜感过去之后，聪明且善于思考的香奈儿对巴黎有了自己理性的打量。凭着爱美的天性，她发现，在这个五光十色的大都市里，还有一片亟待开垦的"处女地"，那就是巴黎妇女们毫无时代感的着装穿戴。

香奈儿经常流连街头，细心地观察、研究过往行人的衣着。在她眼里，她们的衣着式样陈旧，没有时代精神。有没有可能改变呢？她决心当一名勇敢的拓荒者。

然而，巴尔桑是一位贵族的后裔，碍于当时的社会环境，两人无法正式结合。男友对她的雄心壮志既不支持，更不理解，两人为此经常发生争吵，最后不得不分道扬镳。但香奈儿却凭此开始跻身上流社会。聪明的她很快就周旋于王孙贵族之间，稍后虽经过巴尔桑的介绍，在人地生疏的巴黎，她，一个弱女子，要开拓一番事业谈何容易啊！在这个关键时刻，香奈儿邂逅了她一生中最重要的男人卡佩尔（Arthur Capel）——她此生的至爱。卡佩尔向她伸出了援助之手。卡佩尔是个生性随和、不拘小节、家境富裕的异邦人，他非常支持香奈儿开拓服装业。他对香奈儿虽然一片真心，但最终还是舍弃了香奈儿，远赴英伦与一名爵士的千金成婚。此举伤透了香奈儿的心。为了补偿对香奈儿的歉疚，卡佩尔出资让她在巴黎开了一间女帽

香奈儿名言

1. 我不能理解女人为何不能只是为了表现礼貌，出门前都好好打扮一下，每一天谁知道会不会是命中注定的大日子？

2. 一个人可以变得丑陋，但绝不可以不修边幅。

店,这便是香奈儿事业的起点。

"香奈儿帽"赚了第一桶金

1912年,卡佩尔出资帮助香奈儿开了一家帽子店。"香奈儿帽子店"开门营业了。香奈儿以低价从豪华的拉菲特商店购买了一批过时、滞销的女帽,她把帽子上俗气的饰物统统拆掉,然后适当加以点缀,改制成式样明朗亮丽的新式帽子。这种帽子透着新时代的气息,非常适应大众流行的趋势。特别富有创意的是,香奈儿在为顾客示范帽子的戴法时,一反常态地把帽子前沿低低地压到眼角上,显得神气非凡。这样,一种原本平淡无奇的帽子就变得又可爱又洋气了。

凭着非凡的针线技巧,缝制出一顶又一顶款式简洁耐看的帽子。她的两名知己为她介绍了不少名流客人。当时女士们已厌倦了花巧的饰边,所以香奈儿简洁、舒适的帽子对她们来说犹如甘泉一般清凉。短短一年内,生意节节上升,Coco把她的店搬到气质更时尚(fashionable)的Rue Cambon,至今这区仍是香奈儿总部的根据地。做帽子绝不能满足Coco对时装事业的雄心,所以她进军高级定制服(Haute Couture)的领域。

这种新颖的帽子,很快成为巴黎妇女的最爱,被称为"香奈儿帽"。而这种别致的戴法,也一时间在巴黎的大街小巷流行开来,成为最新时尚。

"香奈儿帽"的流行,让香奈儿很快就赚回了本钱,还清了借款,并积累了相当的资金。小试牛刀,便旗开得胜,使香奈儿的信心大增,她不再满足于当帽子商人。香奈儿把帽子店改为了时装店,并且自行设计,自行缝纫,投入到服装改革之中,她大胆地涉足于服装业了!

香奈儿的风靡时代

1913年,香奈儿到法国南部的滨海胜地杜维尔开设第一家时装店。战争的阴影并不妨碍杜维尔的贵妇继续波烈式的羽饰、长裙,她们以高规格的服饰的铺张来炫耀丈夫的地位。香奈儿凭借天才的敏感，推出第一种女装款式：针织羊毛运动装，作为妇女户外活动的休闲装。香奈儿以这种源于板球运动装的简朴造型奉献给时装界，颇遭人非议，但她无视舆论，在杜维尔常常穿着这样的羊毛衫，配上简单的褶裙，骑马散步，招摇过市，表现了香奈儿的强烈个性，女人不再是男人的"花瓶"，同样是担负社会重任的公民，她说："要把妇女从头到脚摆脱矫饰"，她要"创造一个年轻的形象"。

步入20年代，香奈儿设计了不少创新的款式，例如针织水手裙(tricot-sailor dress)、黑色迷你裙(little black dress)、樽领套衣等。1913年，28岁的香奈儿在巴黎Deauville开设了她的女装店，开始出售女士运动装，奠定了她在服饰界稳固的基础。她似乎永远都有消耗不完的热情，可以将任何存在于她脑海中的事情变成真实。除了为女性解脱桎梏的胸衣，她桀骜不驯的行径往往能带动潮流，例如她自己率先穿上男装，剪短头发，公然地"脱"下帽子，穿着衣服躺在草坪上享受日光浴……这些现在看来并不特异的行为，在当时却是属于公然向禁忌挑战。

而且，香奈儿从男装上取得灵感，为女装添上多一点男儿味道，一改当年女装过分艳丽的绮靡风尚。例如，将西装褛(Blazer)加入女装系列中，又推出女装裤子。不要忘记，在20年代女性只会穿裙子的。Coco这一连串的创作为现代时装史带来重大革命。Coco对时装美学的独特见解和难得一见的才华，使她结交了不少诗人、画家和知识分子。她的朋友中就有抽象画派大师毕加索(Picasso)、法国诗人导演尚·高克多(Jean Cocteau)等等。当时风流儒雅，正是法国时装和艺术发展的黄金时期。

事实上，社会生活方式已改变，波烈式的宽大拖沓的时髦，既不适宜更多的社会活动，也显得可笑滑稽，她把水手装和水手裤替代女长裙；她用质地薄软的内衣面料，创作出诺曼底渔夫式的套装；她往往把男装稍加修改，饰以一个恰到好处的饰针，便成为新颖的女时装。香奈儿的创造力是具有爆炸性的，她本人的衣着举止亦为世风之源。据说，有一次天气骤冷，

香奈儿的口头禅

"流行稍纵即逝，风格永存"、"香奈儿代表的是一种风格、一种历久弥新的独特风格。"

香奈儿借了情人的马球套衫，束了腰，卷起袖，潇洒、迷人，这种偶尔的装束竟成为时髦一时的"香奈儿"装，被人竞相模仿。战争给杜维尔带来更多的阔佬，也使香奈儿的时装店扩展成大公司。香奈儿，终于闯入了法国时装界这个高傲无情的领地，她的时装和她本人一样销魂蚀骨地迷住了那个时代。

"穷女郎"备受巴黎妇女的青睐

1914年，Coco开设了两家时装店，影响后世深远的时装品牌Chanel宣告正式诞生。

那时候，香奈儿又发现巴黎妇女服装问题的又一症结所在，不仅在式样上陈旧繁琐，而且在用料上也过于保守落后，仅凭高级华丽的料子，很难做出舒适合体的衣服来。

于是，她从布厂买来一批纯白针织布料，用这种廉价的布料做成最新样式的女式衬衫，其特点是：宽松舒适，线条简洁，没有翻上翻下的领饰，没有繁琐的一道道袖口花边，也没有什么缀物，领口开得较低，为了便于推销，她还给这种服装起了个别致的名字——"穷女郎"。

这种简洁、宽松的衬衫，在今天看起来可能很一般，但在那时候的巴黎，相对于繁缛、缠裹盛行的老式服装来说，却很能给人耳目一新之感。"穷女郎"一露面，立即得到巴黎妇女的青睐，并很快被抢购一空。

紧接着，香奈儿又乘胜追击，陆续推出一批与巴黎妇女传统服饰大异其趣的服装。她将女裙的尺寸尽量缩短，从原先的拖地改为齐膝。这就是后来著名的"香奈儿露膝裙"。她设计出脚摆较大的长裤，也就是现在的喇

叭裤——她因此成为喇叭裤的创始人。

在款式上，她推出一些清新明快的新式服装，有纯海军蓝的套装，有线条简洁流畅的紧身连衣裙，有宽大的女套衫，有短短的风雨衣，还有阔条法兰绒运动服，漂亮实用的简式礼服，等等。

香奈儿还设计制作了服装的配套物品。比如，原来的女包是手拿式的，她认为劳动妇女两手都得干活，不能因拿包而占用一只手。于是，她把手拿式女包稍加改装，安上较长的包带，往肩上一挎就行了；她还创造了仿宝石钮扣，这种钮扣成本低，但色彩与光泽却比真宝石钮扣更好看。

她在世界时装业中独占鳌头达60年之久。

香奈儿发展壮大

从1919年起，"香奈儿服装店"的规模一年比一年扩大。她在康蓬大街接连买下5幢房子，建成了巴黎城最有名的时装店。香奈儿的服装成为整个巴黎的一种时尚。大街上，"香奈儿"式的女性几乎随处可见。

1920年，一家巴黎的报纸撰文道："这是位令人惊愕的天才，她的服装富有女性美的艺术，是匠心独运的充分展示。"香奈儿改变了时装的概念，使服装艺术真正迈入20世纪。她自己说："我使时装的观念前进了四分之一世纪，我凭什么？因为我懂得如何解释自己的时代。"

1922年，香奈儿引进并以她的幸运数字命名的"香奈儿5号香水"大获成功。这种与众不同的香水原本是一位化学家在里维埃拉发明的。香奈儿慧眼独具，买下该香水的专利权。"5号香水"浓郁的芳香，令人陶醉，很快便

> **香奈儿名言**
>
> 1.一个女人如果不用香水，那她没有未来。
>
> 2.优雅并不是那些刚刚摆脱青春期人们的特权，它也属于可以掌控自己未来的人们。
>
> 3.我从不为处境而烦忧，我就乐意驱散它们。

走俏巴黎，并风靡欧美各国，成了全世界最著名的香水。后来，香奈儿又亲自动手发明了"19号香水"。1924年，香奈儿创建了香奈儿香水公司。畅销全球的香水为香奈儿的事业提供了雄厚的财政基础。

她因此成为当时世界上声名赫赫的富婆。二战爆发后，香奈儿关闭了她的服装店，辞去香水公司董事长的职务，她事业上的第一个高峰时期就此结束。

70高龄再造设计生涯

1953年她回到巴黎，重操旧业，开始了她第二时期的设计生涯，这时她已经是70老妪了。71岁的香奈儿向舆论界宣布：她要举办个人时装设计作品展，并要重振香奈儿服装店的雄风。当时，时装界的巨星迪奥正以他轰动一时的"新造型"服装成功地控制着欧美大陆。香奈儿回来干什么？人们都在注视着，因为她已被法国人视作法国的纪念物。人们竞相打赌，她的店不可能维持多久。

在"迷你裙"盛行期间，香奈儿仍坚持她自己的风格，决不提高下摆。她没有戏剧性的长短变化，但有一种令人尊敬信赖的精巧和理解。这阶段的主要设计是令人难忘的两件套装，无领茄克和镶边装饰，手感柔软的格子呢，配上数串珠子项链，以及黑、棕色的浅口皮鞋。她又成为巴黎崇拜的对象，每个妇女都喜欢香奈儿装，她的套装被成批生产，也被大量仿制。她的创新、天赋、魅力、意志都给这个时代巨大影响，这种影响一直延续到今天的时装界，伊夫•圣•洛朗、卡尔•拉格菲尔、森英惠等设计家都曾受到了她的深刻影响。香奈儿复出的成功，战胜了年龄和怯懦，这是时装设计家

中绝无仅有的,是她传奇一生中最富有光辉的晚年。

1954年2月5日,在没有多少的喝彩声中,她郑重发布了Chanel战后复出的第一个时装系列:一种带两个大贴袋的原海军蓝花呢服装,配穿一件打褶平纹白布罩衫和一顶水兵帽。巴黎新闻界的反应是冷淡的,甚至是刻薄的,但妇女们却爱买它。她的名字是辉煌的,但她的声望已成过去。复出的惨败并没有使她退却,发布会后她立即着手下一个系列。同年10月,香奈儿又推出几款服装,但这一次只是反响平平。

然而,香奈儿没有就此灰心,而是把目光转向了大西洋彼岸,向美国人推销自己的新产品。讲究适用的美国妇女,就像是哥伦布发现了新大陆,疯狂地迷上了"香奈儿服装"。在美国时装评论界的一致好评中,许许多多的购买者不惜漂洋过海,潮水般涌到巴黎,只是为了购得一件香奈儿服装。甚至连好莱坞的女明星们,都以穿上香奈儿服装为荣。就连美国前总统肯尼迪的夫人,也以买到一套真正的香奈儿服装而向世人炫耀。纽约歌剧院甚至根据香奈儿传奇般的故事,编了一部歌剧。

第三节　传奇的一生

其实香奈儿本人的外貌就很出众，当她还是一个服装店小老板的时候，就得到了伯爵的赏识，当时那位伯爵是让无数女人心动的男士，可是，香奈儿拒绝了他的求婚。事实证明，伯爵能给香奈儿的，她一样可以靠自己的能力得到。

三四十年代，第二次世界大战爆发，香奈儿把她的店关掉，与相爱的纳粹军官避居瑞士。1954年，Coco重返法国，东山再起，以她一贯的简洁自然的女装风格，迅速再次俘虏大批巴黎仕女。短厚呢大衣、喇叭裤等等都是Chanel战后时期的作品。或者只需讲战后Chanel风格一直保持简洁而贵丽，多用Tartan格子或北欧式几何印花，而且经常用上花呢(tweed)造衣，舒适自然。

香奈儿一生都没有结婚，她创造伟大的时尚帝国，同时追求自己想要的生活，其本身就是女性自主最佳典范，也是最懂得感情乐趣的新时代女性。她和英国贵族巴尔桑来往，对方资助她开第一家女帽店，而另一位卡佩尔则出资开时尚店；她与西敏公爵一同出游，启发设计出第一款斜纹软呢料套装；生命中每一个男性都是激发创意的泉源，她不是单靠幸运，而是非常努力认真地工作！甚至一直到70多岁的高龄她都还再次复出。香奈儿集团在1983年由Karl Lagerfeld出任时尚总监，但至今每一季新品仍以香奈儿精神为设计理念。

1971年1月10日，香奈儿独自为即将到来的时装发布会工作到很晚很晚，凌晨时她服用安眠药，她睡了，却从此再也没有醒来。她穿着喜欢的套装，戴着项链，带着她的机智和俏皮，溘然长逝了，

> **香奈儿名言**
>
> 1.跳出那个窗口；逃离，当你感觉到它的存在；激情不再时，留下的就只有无聊。
>
> 2.时装已经变得不合时宜了。
>
> 3.装饰，那绝对是一门科学！美丽，那绝对是一件有力的武器！谦逊，那就是优雅的代名词！

> **香奈儿对服装的态度**
>
> 时装已成为了一个笑话。设计师们已经忘记了穿着衣服的女人们。而绝大多数女人打扮入时只是想获得男人的喜欢。但前提是这些衣服也应能方便女人们日常的行动，比如很容易钻进汽车，却没有把裙子弄烂！服装需要的是一个自然的形态。

结束了她传奇的一生，终年88岁。她一个人悄悄地离去了，没有人停下来询问，没有人听到她是否呼救，她不喜欢孤独，却不得不孤独地度过了余生。她曾是那么的显赫，她的临终又是那么的平淡。

香奈儿的一生，是闪烁着光辉的一生，充满着浪漫和传奇的色彩，没有哪位设计师像她一生那样多彩多姿。当年，她的美貌与流传的风流逸事，已足以成为西方花边新闻人物；当年人们对她的着迷不亚于今天西方女性对杰奎琳、戴安娜的迷恋。香奈儿不仅具有现代女性的美丽、诙谐、乐观、引起争论的气质，而且她勇于面对现实，有坚强的独立心，正像她说的："……诚如拿破仑所言，他的字典中没有'困难'两字，我的字典中也找不到'不成功'三个字。"一个新时代女性的形象——自由、骄傲、藐视传统，她既是建立时装王国的女强人，同时又是娇弱多情的女性，这就是她与众不同的天赋，就如同她神奇多彩的一生。

第四节　香奈儿品牌

品牌介绍

创始人加布里埃·香奈儿于1913年在法国巴黎创立Chanel品牌。Chanel的产品种类繁多，有服装、珠宝饰品及其配件、化妆品、香水，每一种产品都闻名遐迩，特别是她的香水与时装。Chanel是一个有80多年经历的著名品牌，Chanel时装永远有着高雅、简洁、精美的风格，她善于突破传统，早在20世纪40年代就成功地将"五花大绑"的女装推向简单、舒适，这也许就是最早的现代休闲服。

品牌内涵

香奈儿品牌走高端路线,时尚简约,简单舒适,纯正风范。"流行稍纵即逝,风格永存"依然是品牌背后的指导力量;"华丽的反面不是贫穷,而是庸俗"。香奈儿女士主导的Chanel品牌最特别之处在于实用的华丽,她从生活周围撷取灵感,尤其是爱情。不像其他设计师要求别人配合他们的设计,Chanel品牌提供了具有解放意义的自由和选择,将服装设计从男性观点为主的潮流转变成表现女性美感的自主舞台,将女性本质的需求转化为Chanel品牌的内涵。

品牌延续

香奈儿逝世后,1983年起由设计天才卡尔·拉格菲尔德接班。卡尔·拉格菲尔德有着自由、任意和轻松的设计心态,他总是不可思议地把两种对立的艺术品感觉统一在设计中,既奔放又端庄,既有法国人的浪漫、诙谐,又有德国式的严谨、精致。他没有不变的造型线和偏爱的色彩,但从他的设计中自始至终都能领会到Chanel的纯正风范。

品牌风格

无论是带有强烈男性元素的运动服饰(Jerseysuit)、两件式的斜纹软呢套装(Tweed)、打破旧有价值观的人造珠宝、带有浓郁女性主义色彩的山茶花图腾，或者是Marylin Monroe在床上唯一的穿着，屡屡挑战旧有体制创造出来的新时尚。香奈儿女士最特别之处在于实用的华丽，她从生活周围撷取灵感，尤其是爱情。不像其他设计师要求别人配合他们的设计，Chanel提供了具有解放意义的自由和选择，将服装设计从男性观点为主的潮流转变成表现女性美感的自主舞台。抛弃紧身束腰、鲸骨裙箍，提倡肩背式皮包与织品套装；Chanel一手主导了20世纪前半叶女人的风格、姿态和生活方式，一种简单舒适的奢华新哲学，正如她生前所说："华丽的反面不是贫穷，而是庸俗。"

第六章　曾宪梓的传奇人生

人物名片

　　从小家境贫寒,幼年丧父,跟随母亲艰难度日。他长大成人之后,由于一个家事的原因,离开广州前往泰国。从此开始了劳顿而曲折的海外生涯。

　　在几十年的异乎寻常的艰苦奋斗中,经自己的辛劳、智慧和为人,他从一个默默无闻的制作普通领带的家庭作坊发展成拥有"金利来"、"银利来"名牌的香港大亨。他的一生既传奇又感人。

第一节　走近人物

人物简介

　　曾宪梓,汉族客家人,宗圣曾子后裔,1934年出生于广东梅县,幼年丧父,与勤劳善良、吃苦耐劳的母亲相依为命,1961年靠新中国的助学金以优异成绩毕业于中山大学生物系,1963年,经香港到泰国,侨居了5年。1968年,移居香港。他与夫人黄丽群女士一道,靠一把剪刀,艰苦创业,创立了享誉世界的"金利来"名牌,享有"领带大王"之美誉。

　　作为一个中国人,曾宪梓有一颗可贵的中国心。早在1992年,曾宪梓就曾捐资1亿港元设立了"曾宪梓教育基金会";2003年又捐资1亿港元设立"曾宪梓航天科技发展基金"。改革开放以来,曾宪梓先生捐助祖国、家乡的航天、教育、文化、体育、卫生等公益事业,捐款高达6.3亿元。

根据曾宪梓先生对社会所做的卓著贡献，经国际小行星命名协会审议，1994年，紫金山天文台将发现的3388号小行星命名为曾宪梓星。

曾宪梓现为金利来集团有限公司董事局主席、中华全国工商业联合会副主席。曾经在香港担任香港特区筹委会委员、港事顾问、香港中华总商会会长、贸易发展局理事等职，还是香港华侨华人总会永远名誉会长、新加坡南洋客家总会永远荣誉会长、中山北京大学工商管理学院教授、广州中山大学生命科学院荣誉院长、广州中山大学名誉博士、美国爱荷华威思利恩大学政治学博士。1997年获得香港特别行政区政府发勋衔制度中的最高荣誉奖章——大紫荆奖章。然而，对于众多的人来说，他们知道和认识曾宪梓，却是从一个领带名牌——"金利来"开始的。

> **人物语录**
>
> 做买卖其实最为重要的就是做人，只要你诚实谦虚地对待别人，别人就不会讨厌你。你不要为了钱去欺骗人，要真心地对待每一个可能成为你的客户的人，坚持一直这样做下去，你肯定会取得好成绩。

主要荣誉

1994年，曾宪梓获得了以他的姓名命名一颗小行星"曾宪梓星"的巨大荣誉。2008年，曾宪梓被授予"改革开放30年——中国企业改革十大杰出人物"。

第二节　男人世界的创业之路

泰国谋生

曾宪梓，1934年2月2日出生于广东梅县扶大镇珊全村的一个贫农家庭。因为家境贫困，从小父亲就离家去南洋闯荡，到泰国谋生。但没多久，由于劳累过度，在曾宪梓才4岁的时候，父亲就去世了。母亲蓝优妹是个样

样农活皆能的客家妇女。靠母亲干农活养活兄弟俩,孤儿寡母度过了十分艰难的岁月。全家人生活一直很艰苦。曾宪梓小的时候,冬天连鞋都穿不上。12岁他辍学去当农民,磨炼了他不畏艰苦、勤劳俭朴、奋发图强的意志。孩提时代的艰辛是曾宪梓成功的奠基石,曾宪梓后来常常回味无穷地说:"别看那时候的生活艰苦,但挺有意思,培养自己的劳动习惯,培养自己的创造性,培养自己对苦日子的承受能力,我觉得是一件好事情。"那时他爱干什么爱玩什么而又没有钱买,就自己想办法找窍门实现它,他的心很细手很巧,看了想了之后自己便能做出来。

孤儿寡母回到家乡,日子非常艰难,梅县解放后他才有机会继续上学读书。从小学、中学到大学,曾宪梓一直靠国家的补助金生活,他十分珍惜这来之不易的学习机会,刻苦攻读,顺利完成了学业,由于曾宪梓勤学苦读,他以优异的成绩于1957年考上了广州中山大学,成了山村屈指可数的大学生。1961年又以优异的成绩毕业于中大生物系。被分配到中国科学院广州分院工作。

如果不是因为曾宪梓的哥哥在泰国工作,要求他过去全家团聚,或许今天我们会多个学者,但却少了个搏杀商场的"领带之王"。1963年5月,为解决父亲的遗产纠葛,曾宪梓辞去了广东省农科院的工作,跨过罗湖桥登上了去泰国的旅程。曾宪梓先家人一步离开了故乡,取道香港去泰国,在香港短暂的日子里,淳朴的曾宪梓第一次知道了外面世界的复杂。

曾宪梓的叔父压根儿想不到,这位为继承父亲遗产而来的侄

子说出了一段掷地有声的话："您和我父亲共同创造了家业，您是他的兄弟，完全有权支配财产，我是下辈人，不能坐享其成，我愿意像父亲那样，通过自己的双手创造一切。"曾宪梓卖掉了随身带去的一部相机，租了间小房安顿好妻儿后就开了一个家庭作坊，向叔父学习领带制作技术。用叔父给的一捆绒布做了60打领带。当他把第一批亲自制作的领带交给叔父时，叔父给了他10000元，可他执意只收900元，余下的9100元还给了叔父。

在泰国侨居生活的最初几年里，为了生存，曾宪梓不得不抛弃了自己求学多年的专业，跟着叔父和兄长做起小本生意来。曾宪梓的哥哥是一个家庭领带店的店主。曾宪梓最初就是从这里接触到领带生产和销售工作的。但哥哥的领带店规模太小，没有什么发展前途，对于胸怀创业大志的曾宪梓来说，也很难有用武之地。同时，一大家子都住在哥哥那里，金钱开支的问题、母亲对泰国炎热天气的不适应都促使曾宪梓开始寻求新的发展道路，泰国已非留人之处了。

一把剪刀白手起家

之前他利用为叔父推销领带的机会，来往于香港泰国之间。他了解到香港是一个领带的大市场，当时世界各国名牌领带充斥香港街市，但香港本地所产的却质地太差，他决心去那儿创一个自己的名牌。他知道要去香港站稳脚跟绝非易事，但决心已下九牛拖不回。

1968年，曾宪梓带着母亲、妻子和3个孩子，再次来到香港。当时是年关，又没钱，根本找不到合适的房子来居住，开始时不得不寄居在亲戚那里，最后还是叔父的汇款才给这6口人一个安家之处。为了生活，他甚至为人照看过孩子。他利用晚上的时间认真钻研香港的市场状况，发现尽管香

港的服装业发达，香港人也很喜欢穿西服，但是作为西装最重要的配件——领带却没几个像样的，这是一个多么巨大的市场！这是眼里看到的。通过调查，曾宪梓还发现，当时香港的领带大多从外国进口，本地的领带业还很薄弱。他默默地在心里盘算，假如香港以400万人计，每人有一套西装，配一根领带，这领带的销售量也是非常可观的了！

创业艰难磨砺多，曾宪梓在九龙平民区租了一间廉价房屋，既当住房又当作坊。他用叔父给他的6000港元上街买回一把尺子、一把剪刀和一架"蝴蝶牌"缝纫机，自己动手制作领带。

万事开头难。起初，曾宪梓和妻子黄丽群两人只是用手工缝制低档的领带。尽管夫妻两人起早摸黑，干得很辛苦，生意却非常不好。在开始的时候，没有人买他的领带，好不容易，有一家商店的经理同意看一看他的领带。可是他报出的价钱，简直就叫曾宪梓无利可图了。曾宪梓当然不愿卖。那位经理便把自己店里经营的进口名牌领带指给曾宪梓看，相比之下，曾宪梓所做的领带用料低廉、款式单一、色彩灰暗，确实摆不上柜台。

曾宪梓受到了极大的震动。他察觉自己从主观想象出发，认为生产档次较低的廉价领带，会比较容易进入市场，事实证明他想错了！廉价产品所换来的不是利润，而是别人的歧视与羞辱。只有精品才能打开市场，否则自己生产的和地摊货又有什么区别，自己当初生产领带的初衷也就不能实现了。

6000元本钱交了"学费"，学到了一条教训：要想打入市场，就得生产高档名牌产品。曾宪梓没有气馁，他毫不犹豫地把自己耗费大量心力的产品，批给了街头的地摊，然后他花大价钱从商店里买回各种外国名牌领带，他买来法国、瑞士的高档领带进行研究仿制，一一拆开，琢磨用料、裁剪、造型、花色……他还做了大量的市场调查，研究花色品种的新潮流、新趋向。

最后，曾宪梓用仅剩下来的钱买进了一批法国面料，以外国名牌领带为标本，加入了他自己的设计方案，精心制作成了4条新领带。他把自己做的领带和几条外国名牌领带混在一起，去请一位领带行家鉴定。那位行家看来看去，一口咬定这都是进口产品。他肯定地说："香港的领带业我清楚，像这样面料考究、做工精良、款式新潮、质量上乘的领带，当然只有外国才生产得出来。"好的领带就这样生产出来了。

但是人生地不熟，没有固定的客户和销售渠道，曾宪梓只得自己出去推销，这期间他受尽白眼和冷遇，但都忍了下来。

有一天，曾宪梓去尖沙咀旅游区洋服店一带推销自己制作的领带。被街头烈日晒得满头大汗的曾宪梓，拎着两大盒领带，走进一家洋服店。为了自己的生意，他直接走过去，打断别人的谈话，问老板要不要他的领带。而洋服店的老板像是见到瘟神一样，马上毫不客气地大声吼叫道："你进来干什么？出去！出去！滚！"

委屈的曾宪梓羞愤已极，他回到家中，左思右想，忽然明白了自己受挫的原因。第二天下午，他衣装整洁，继续来到这家商店，向老板赔不是，为自己昨天的冒昧，老板见到他如此诚恳，心中想，这真是个韩信式的人物，将来必然会大有作为，后来这个老板成为曾宪梓的第一批客户和朋友。

为打开销路，他下了狠心，把第一批产品在一家商店免费供应顾客。由于花色、款式对头，曾宪梓拿出的这批产品受欢迎。很快，他制作的领带便在香港小有名气了。

他给自己规定一天必须制作5打领带，然后背上领带搭乘大巴士沿街叫卖。只有把5打领带卖出去他才能得到50元港币，勉强支付一家人一天的生活费。

曾宪梓每天起早摸黑，有时天已很晚了他还在向行人叫卖，晚上

还得熬夜与妻子黄丽群一起加班制作领带至凌晨3时。他深信只要刻苦努力奋斗目标就一定能达到。那时候为了生活，曾宪梓不得不忍受各种各样的冷嘲热讽，忍受那些有钱有势的人瞧不起他的种种举动。在那时候，他唯一能做的就是视而不见、充耳不闻。他拼命告诫自己："这就是生活对你曾宪梓的挑战，你如果连这种苦都吃不了，那还奢谈什么理想抱负！"那时候他推销领带常遭到人家的呵斥，而他却在第二天登门请罪求教。有两位曾经骂过曾宪梓的老板，后来都成为曾宪梓长期固定的客户和格外尊敬他的好朋友。他们由衷地欣赏曾宪梓拥有如此宏大的气量，认为曾宪梓这样做下去将来肯定能够获得巨大成功。他们不止一次对曾宪梓说："我们都看好你，你将来肯定会成功的。"

打造世界名牌"金利来"

创造名牌，是曾宪梓立下的雄心壮志，他一步步扎扎实实往前走，经过几年实践，积累了许多制作领带的经验。但他并不满足，曾宪梓慢慢领悟到名牌不是吹出来的，关键是它的质地好。他花大价钱从商店里买回各种外国名牌领带一一拆开，从设计、用料、图案、剪裁、颜色搭配到领带大小，一一仔细研究他。还做了大量市场调查，了解领带的品种、款式、花色的新趋向，研究不同年龄男士所戴领带的不同风度，从而使他制作的领带赶上新潮流。他还花高价购进外国花色质地俱佳的布料，精工细作。制成后，和外国名牌各拿出4条去掉商标，送去请领带业的老行尊何经理过目。何经理戴上了老花镜，左看右看，就是分不出土与洋。曾宪梓高兴极了，既然老行尊也分辨不出来，说明自己缝制的领带，已和世界名牌相差无几。于是，他便说："既然是这样，就请你进货吧。"可是何经理摇了摇头说："不行！你这是香港货。"这可把曾宪梓气坏了："香港货又怎么了？"何经理说："你没有名气呀！人家是世界名牌，挂出去好卖。"曾宪梓问名牌领带一条卖多少钱，何经理说："零售价15元，进货价8元。"曾宪梓说："我降点价，5

元钱卖给你,行吗?"

何经理还是摇头。曾宪梓气得满脸通红,心想:为什么中国人对中国货这样自轻自贱?中国人难道就不能创出世界名牌吗?但他还是忍气吞声地说:"这样吧,我把4打领带放在你这里试销。你一条卖9.9元,卖出去一条给我5元就行。但是,有一个条件,你必须把它和名牌摆在一起卖。怎么样?"他这是向名牌挑战,他要让市场检验自己的产品。既然是代销,何经理也不好拒绝,点点头同意了。一周过后,何经理打来了电话,说那打领带已经销售完了,让他再送去4打。曾宪梓听了,心中豁然一亮,信心和勇气剧增。他想:还是顾客识货,世界名牌没什么了不起的,外国人能办到的事,中国人也一定能办到!

有一次,他把自己精心制作的一批高级领带和那些高价购进的外国名牌领带一起交给一位专门经营领带的老板,请他不看牌子分辨哪些是

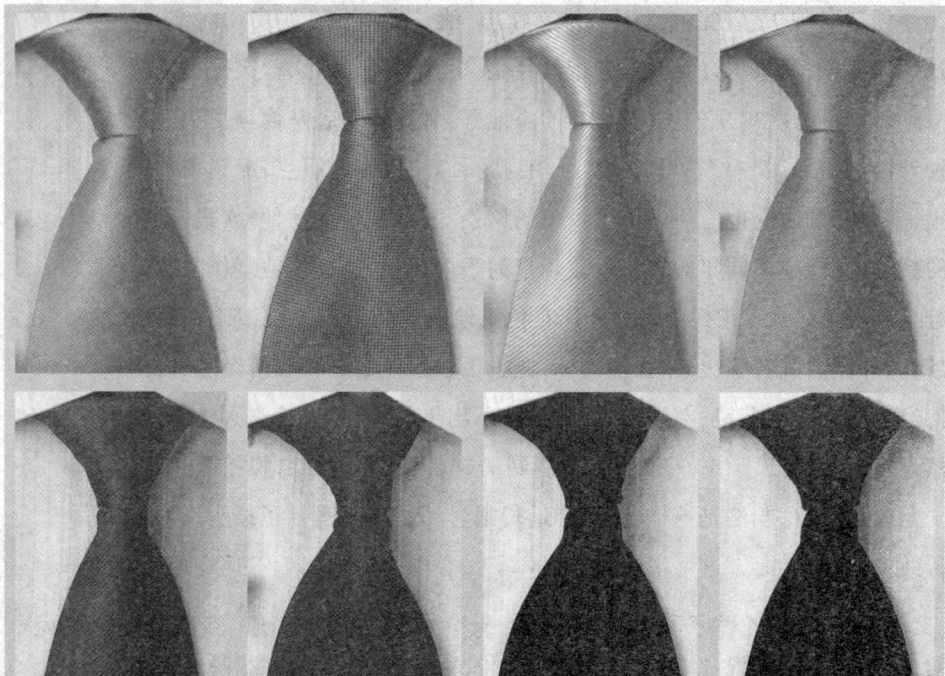

名牌产品,哪些是他亲自制作的,而具有经验的老板竟分辨不出。这位老板信服这一高质量的领带,当即表示愿意以较高的售价销售。曾宪梓把自己精心制作的领带定名为"金狮牌"。尽管曾宪梓做了种种努力,但名牌并没有马上创出来。他的领带销路还是不见好,百货商店的老板向他反映说:"有的顾客在挑选领带时,看到了'金狮'的牌子时就放下了。"这使曾宪梓深为纳闷。

过年时曾宪梓送了几条领带给一位亲戚做礼品,不料亲戚见到"金狮牌"领带满脸不高兴,他说:"我才不用你的领带呢,金狮、金狮——什么都'输'掉了。"曾宪梓恍然大悟,原来香港话"狮"与"输"读音相似,香港人最忌讳这个"输"字。是夜曾宪梓辗转反侧难以入睡。怎么早没想到这一点呢!于是他下决心改一个吉利的牌子,琢磨了一夜终于想出一个好名字,将"金狮"以英文"GOLDLION"意译与音译结合,GOLD意译为金,LION谐音读为"利来",天下人谁不希望"金利来"呢?

"金利来"确实是一个响亮的名称,但有了响亮而吉利的好牌子之后还需要广而告之,否则知名度还是提不高。曾宪梓总喜欢辩证地分析事物的发展,他认为做任何事情只要有可能就一定会有可行。虽然事业上有了长足的进步,但他并不满足,他不断地反问自己:为什么香港市面上充斥的都是外国的名牌产品?为什么港制产品与外国名牌不相上下却仍然不受消费者垂青?原因很简单,就是因为港制产品的牌子还没有成为出名的牌子、出名的产品。

而一个品牌出名,除了高质量,也需要不断的、深入人心的宣传,才能走进每个普通人的心里。曾宪梓毅然决然地决定给自己、给金利来一次大胆的尝试——马上在报章上做广告。1970年,一年一度的父亲节即将来到之际,曾宪梓抓住时机不惜花费近3000港元在报纸上刊登了大幅广告,庆祝一年之中唯一的一次属于男性、属于父亲的节日。广告的内容很简洁:向父亲致意,送金利来领带。

曾宪梓这次初试牛刀的创举,不仅为金利来接下来向国际名牌的顶

峰上顺利发展奠定了基础，而且也大开了香港广告生产商为推销产品、树立品牌而刊登广告之先河。与此同时，精明的曾宪梓率先看中了橱窗文化的妙用，于是他要求几家大的百货公司将金利来领带也陈列进橱窗里，而且标上"金利来"的牌子，以吸引消费者注意力。

真正使"金利来"家喻户晓是1971年，当时，中国乒乓球队再次囊括世界杯，凯旋回国途经香港，应邀在港举行乒乓球赛时，香港的无线电视台夺得了乒乓表演赛的独家转播权，而精明的曾宪梓则包了这次乒乓球表演赛的专题广告。还请来当时著名男歌星来做金利来产品的介绍。

在当时，3万港元的广告费足以购买一套600英尺的房子，这对于小本经营的曾宪梓来说需要非凡的胆识。中国乒乓球队在香港的表演赛受到了香港同胞的热烈欢迎，电视收视率空前高涨，从而给穿插其间的"金利来"广告带来了轰动效应。"金利来，男人的世界"这句广告词，每天都轮番不停地播放，在几百万香港人的口中争相传诵。

不到一个星期，乒乓球比赛的盛况轰动全香港，而金利来领带也成为香港家喻户晓的名牌。金利来领带"忽如一夜春风来，千树万树梨花开"，订单雪片似的飞来，家中电话响个不停，"金利来"大大出名了。他终于实现了当年和太太打赌的话："总有一天，我坐在电话机旁也可以做生意！"他很快还清了广告费，拥有了厂房、住房、汽车、工人等等。广告的效应发挥得淋漓尽致，订单如雪片一般向曾宪梓飞来。曾宪梓一再扩大他的工厂，大批量购进制造高档领带的原料，增加工人，日夜加班地赶货。第一次，港产货战胜了外来货，"金利来"独领风骚。

金利来领带广告

在欧洲有过百位设计师，每年为金利来设计出数千款领带，花式清新脱俗，层出不穷。领导领带潮流，舍我其谁？金利来领带，充满魅力的男人世界。

随后，他又在香港小姐选举、尼克松访华等专题节目中做电视广告。从此，"金利来"声名鹊起，产量成倍成倍往上翻，在香港街头随处可见胸前飘着款式新颖的金利来领带的男士。1970年，竟然已在香港十分走俏。也就在这年，他正式注册成立了"金利来（远东）有限公司"。第二年，他在九龙买了一块地皮，建起了一个初具规模的领带生产厂。1971年，金利来远东有限公司一举问世。

曾宪梓是一个有远大志向的人。他心中的目标是要创世界名牌。他多次到西欧领带厂参观，学习他们的制作工艺和经营方法，然后集众家之长，引进先进的生产设备和严格的管理、检验制度，从而使"金利来"领带逐渐占领了香港市场，成为男人们庄重、高雅、潇洒的象征。

在发展巩固香港市场的同时，曾宪梓还以积极乐观的态度拓展海外市场，向东南亚国家进军。他亲自到新加坡考察，创办分公司，寻找合作伙伴。获得成功后又迅速把战场扩展到印尼、马来西亚、泰国、台湾……迄今为止，金利来在这些国家和地区的大型客户数目已超过上千个。

逆市前进

1974年，香港经济出现了大萧条，各种商品纷纷降价出售，而曾宪梓却反其道而行之。他一方面不断改进"金利来"领带的质量，另一方面独树一帜地适当提高价格。结果，生意反而出人意外地好起来，当经济萧条过后，"金利来"更是身价倍增，在香港成了独占鳌头的名牌领带。

不仅是领带,曾宪梓还将他的发展计划拓展到更多的男士用品。他将这些年来已使香港人耳熟能详的广告词"金利来领带,男人的世界"做了看似简单、实则深具创意的改动,改为"金利来,男人的世界",又从T恤衫开始,逐步推出了金利来牌的皮带、袜子、吊带、花边、腰封、领结、领带夹、袖口纽、匙扣等系列产品,使公司和金利来牌子都走向了多元化。

第三节　发展金利来不忘报恩情

与祖国血脉相连

1982年,曾宪梓又把目光投向大洋彼岸的美国,他决心到西半球去占领领带市场,而此时中国庄严宣布将于1997年收回香港主权。这个声明代表了中华民族的根本利益,获得了全国人民、香港同胞和海外广大华人的热烈拥护,但也有一些不明真相或心怀顾虑的华人把在香港的资金抽往海外,使香港经济在一段时间内出现了混乱。于是,曾宪梓毅然放弃去美国办厂的打算而把资金转向国内,此举充分体现他热爱祖国的民族气节。他决定回故乡合资办厂,为中国再创一个领带名牌"银利来"。

1986年,"银利来"厂在梅县建成了。曾宪梓亲临剪彩并当场宣布:"我本人办这家厂是不牟利的,我应得的50%的利润,全部用于国内的公益事业,用于支付嘉应大学的经费,用于支持足球事业,用于家乡的建设!"曾宪梓一次次穿梭于香港和梅县之间。他深入车间亲自参加产品款式与花样的设计,使"银利来"刚上市就赢得消费者的青睐,他为"银利来"的崛起而兴奋。当"银利来"一度经营不善时他夜不能寐,在百忙中他干脆承包了银利来,亲自物色经理,巨额的资金、先进的管理,使这家合资企业的生意愈做愈红火,年产值从1900多万元猛增到2亿余元,利润也从100多万元增

长到2000余万元。

他坚守信誓不取分文,全部花在祖国的建设事业上,得到家乡人民热情赞颂。在曾宪梓的名片上头衔不断加多:全国人大常务委员、广东省政协常委、全国工商联常委、广东外商公会会长、嘉应大学名誉校长、中国足协顾问、香港中华总商会会长、香港嘉应商会永远荣誉会长、中华人民共和国香港基本法咨询委员会委员、香港事务顾问(曾任香港特别行政区筹委会委员)等等。头衔的增加是与责任的增加、义务的增加成正比的,他更忙了。每次到内地忙完一天的复杂事务后,他总是不停地敲着脑袋说:"太累了!太累了!"一边喊累一边仍不停地忙碌。在一些人崇尚拜金主义、享乐主义的今天,曾宪梓这股炽热强烈的爱国爱乡之情,这种令人深思感人肺腑的高风亮节,为所有与祖国血脉相连的中国人树立了一座崇高的爱国主义丰碑。

滴水之恩涌泉报

古人云:滴水之恩当涌泉相报。曾宪梓强烈地思念养他的祖国,思念他那贫瘠的客家山乡。他思忖,现在事业有了成就,应该饮水思源努力帮助家乡建设。他深知改变家乡面貌首先应从教育开始。于是他与夫人向家乡捐赠了一笔又一笔的款子,一幢幢崭新的教学大楼、一座座漂亮的立交桥、一座座魁伟的体育馆拔地而起。仅教育方面,嘉应大学、中山大学、东山中学、梅州中学、乐育中学、华侨中学、珊全学校等等,都留下了这对夫妇的赤诚心意。略举几笔较大的捐赠:嘉应大学曾宪梓教学大楼、体育馆等1200多万元人民币,梅州曾宪梓中学1700多万元人民币,中山大学中山楼、曾宪梓堂等3100多万元人民币,暨南大学曾宪梓科学馆等1100多万元人民币。20多年来他捐赠给各项公益事业6.3亿元,还不包括他太太和孩子们的捐款,其中为家乡和祖国捐赠200多项数达4.5亿多元人民币。后来曾宪梓又赠款1亿港元,与国家教育部合作成立曾宪梓教育基金会,用于奖励内地有贡献的优秀教师发展教育事业。每一笔捐赠建成的建筑物都凝聚着曾宪梓炽热的拳拳报国之心、殷殷桑梓之情。

1994年2月2日,中国科学院紫金天文台为表彰曾宪梓对国家和人民做出的重大贡献以及高尚情操和奉献精神,决定将该台发现的"3388号"小行星向国际小行星中心和国际小行星命名委员会申报,经审议通过命名为"曾宪梓星"。美丽的仲夏之夜,满天闪烁着灿烂的繁星,令人神往。在这壮观美丽的星空中,有一颗烁烁闪光的小行星,那就是曾宪梓星。世界上小行星的命名多为科学家及城市地名,以爱国实业家命名的小行星实为凤毛麟角。而香港客籍实业家曾宪梓先生和田家炳先生获此殊荣,这不仅是他们本人的荣誉,也是全世界客家人的光荣。

第四节　金利来品牌

品牌简介

金利来领带、西服、衬衫——中国最早最权威男士商务式第一巨头国际品牌。金利来品牌起源于中国香港,由著名的爱国、慈善大使曾宪梓先生创立。

金利来(中国)有限公司创立于1990年,公司旗下拥有:金利来正装暨商务休闲和金利来时尚休闲两大品牌。

金利来系列产品(及经营权使用商品)包括男士商务正装、休闲服饰、内衣、毛衣、皮具、皮鞋、皮包及珠宝等。

主要经营产品系列

公司生产经营和特许经营的产品系列涉及男士服装服饰、内衣、皮鞋(特许)、皮具(特许)等四大类。每一件产品均出自欧陆名师之手,质料与设计相配合,时尚与品位相融合,配上精湛细巧的手工,彰显出男士不凡的气度。金利来产品消费群定位于年轻进取、活力、坚毅、睿智、崇尚个性的新白领阶层,全新塑造高雅气派的男人世界。"金利来"现已成为有品位男士的信心标志。

> **品牌核心价值观**
>
> 诚信——诚实守信,追求品质;高效——快速反应,绩效导向;创新——与时俱进,求新发展。

经营理念

金利来品牌的文化力,贯穿于经营者经营理念产品的外观设计与包装,富于情感因素的广告词,以及促销活动中的文化氛围等等……

应该说,金利来品牌的文化根基,从它的开创者曾宪梓先生自始至终奉守的"勤俭诚信"经营理念中,就打上了中华民族优秀文化传统的深刻烙印。勤能补拙,俭能守业,而唯诚和信,则是长期取信于消费者,使金利来获得永续经营,开创名牌基业的根本所在。

金利来"诚"和"信"的经营理念,主要表现于28年如一日贯彻曾宪梓先生"不做骗人生意"这一商业道德观。具体体现在产品的质量与品质的追求上,尽善尽美,一丝不苟。永远给消费者以购买金利来就是在享受上乘的、精美的产品的信心。

文化品位

金利来的文化品位与内涵,更能从金利来领带、T恤、衬衫、服饰、化妆品等的产品用料、华丽外观与精心设计中得以展示,总能给人以或尊贵的、或高尚的、或典雅的、或浪漫的传情而富于余力。金利来领带正是这样一种产品:上乘的布料,欧洲一流的设计师,每年推出数千个的花色品种,无不时时刻刻地、星星点点地传送着欧洲的、北美的、东亚的风情与服饰文化潮流。

　　总之,金利来代表着美好的、温馨的、令人追求与羡慕的东西。消费者怎能不给予青睐呢? 有文化的,曾为金利来的广告词发出争议;而更多的孩童则倒背如流, 唱作儿歌⋯⋯金利来正是通过这样富有文化味的广告词同消费者进行情感交流与观念沟通的。由此拥有"男人的世界",当然也还拥有部分"女人的世界"。因为男人的身边就是女人。为男人购买名牌服饰,是女人的心愿,同男人匹配的名牌消费,也是女人的追求。

第七章　雅戈尔的财富传奇

人物名片

　　李如成和雅戈尔的成长本身就是一个传奇。二十多年前，李如成仅以2万元的知识青年安置费起家，到现在，雅戈尔每年向国家交纳的税款就将近2亿元。

　　雅戈尔已从一个靠自带尺子、剪刀、小板凳拼凑起来的戏台地下室的原始手工作坊，发展成为拥有2万员工的亚洲最大、最先进的衬衫、西服生产基地和上市企业。

第一节　走近人物

个人介绍

　　李如成，1951年6月生于浙江宁波，男，中共党员，大专学历，雅戈尔集团股份有限公司董事长，高级经济师，中共党员。第九、第十届全国人大代表。

个人履历

　　1981年至1990年，从宁波青春服装厂工人，到厂长、书记。1991年至1993年7月，任宁波雅戈尔制衣有限公司董事长兼总经理。

　　1993年7月至今，任雅戈尔集团股份有限公司董事长、雅戈尔集团总裁。

1991年、1994年连续两届被评为全国优秀乡镇企业家,"七五"农业部劳模,浙江省优秀党员。

2001年被评为全国优秀乡镇企业家。

2003年4月,被评为浙江省第二届创业企业家。

传奇人生

与雅戈尔屡屡邀请时尚界知名人士作为代言人形成反差的是,李如成喜欢把自己说成是"农民出身",但这并不妨碍李如成以把雅戈尔塑造成为一个国际一流的服装品牌、把雅戈尔集团锻造成一个百年企业作为自己的目标。在全世界同行眼中,中国的服装品牌顶多只能算二流品牌;事实上,中国的很多地方也出现了热衷于"高、新、尖"的行业,却对以劳动密集为特点的传统服装产业不屑一顾,连李如成请来的很多为雅戈尔做五年规划的专家都建议引进洋品牌。尽管压力很大,但李如成并不迷信于听到的,他要用自己的眼睛证实一切。

在2002年去日本、美国和欧洲走了一圈以后,李如成产生了与主流大相径庭的看法:中国的服装产业是一个朝阳产业。而雅戈尔也有了自己的目标,"像欧洲的BOSS一样"。因而当国内著名服装企业纷纷走上品牌多元化之路,大批嫁接洋品牌时,李如成推出的始终是雅戈尔系列。"现在我们主要的赢利都来自于自有品牌,以后雅戈尔可能会有其他品牌,但归根到底中国企业还是要打自己的品牌。"

尽管雅戈尔的自有资产已超过20亿元,但李如成清楚地意识到,雅戈尔一定要有自己的核心竞争力。所以除了扩大制造业的规模以外,雅戈尔还在向上游延伸,向下游挺进。现在李如成可以很自信地说:"强大的销售渠道是雅戈尔最大的财富。"

跨国收购

2007年11月8日,雅戈尔宣布与美国服装销售巨头KWD及其全资子公司KWDA-SIA签订三方《股权购买协议》,收购KWDA-SIA持有的Smart全部股权和KWD持有的XinMa全部股权,收购金额分别为7000万美元和5000万美元。

第二节　丑小鸭变白天鹅的神话

当初的丑小鸭

雅戈尔的故事是中国"丑小鸭"变"白天鹅"的神话，而它的领头人李如成的人生之路也并非一帆风顺。少年时代、青年时代屡历坎坷，砥砺磨炼，但他的信念始终未曾丧失。

1958年，李如成父亲被打成右派，全家人从繁华的大上海下放到宁波南郊段塘镇，品尝中国最底层社会的艰辛。为生活所迫，刚满7岁的李如成和村里小伙伴们一起编织过一顶仅挣几分钱的草帽，当过每天只赚两分钱的放牛娃。10岁时，李如成父母相继病故，他和一个姐姐两个弟弟相依为命。15岁那年，初中尚未毕业，李如成便主动报名到灯塔大队雅渡村"插队"务农，在"广阔天地"里一待就是15年。党的三中全会后，数千万知青开始陆续返城，1980年岁末，已近而立之年的李如成来到了镇办的"青春服装厂"。

说是工厂，其实那只是用2万元安置费勉强建起来的。只是一个蜗居于戏台地下室的小作坊，几台家用缝纫机是用2万元知青安置费买的，尺子、剪刀、凳子是工人自带的，主要为别的厂加工背心、短裤、袖套之类的小玩意。车间就在村边戏台的地下室，生产条件虽然简陋、艰苦，但李如成却十分珍惜这难得的工作机会，凭着勤奋努力，进厂不久便被任命为裁剪组长。然而，这条"汪洋中的小船"，不久便受到市场大潮的冲击，业务断档，快要沉没了，100多名知青面临失业的危险。

这时李如成偶然听人讲起东北有

> **经营理念**
>
> "装点人生，服务社会。"雅戈尔生产的不仅仅是产品本身，更是人们对于高品质生活的向往。从个体角度：雅戈尔以其高品质的产品与服务给予客户关爱和美的享受，为客户创造更加美好的生活；从整体角度：雅戈尔长远的价值取向是服务社会，这既是作为企业公民应尽的责任，也是雅戈尔的重心所在。

一厂家需要找合作伙伴,便主动请缨前去联系。几经周折,终于拿到了这笔令企业绝处逢生的业务,让小厂起死回生。12吨面料发来,令李如成潜在的经营管理才能展露了出来,他既当设计师又当调度员,把各个环节安排得妥妥帖帖。当年结算下来,厂子的利润从几万元猛增至20万元,工人月工资从二十多元涨到七八十元。李如成也由此得到了大伙的信任和拥戴,在职工的一致提议下,李如成担任了青春服装厂的厂长。

当时,横向联营是乡企生存和发展的一条有效通道。李如成上任不久,捕捉到这样一条信息:百年老厂上海开开衬衫厂正在寻找联营加工点。他当即赶赴上海。李如成的真诚、执着打动了开开决策层,双方联营一拍即合。李如成对上海来的师傅待以上宾,虚心求艺,生产上兢兢业业,不敢有任何差错。天道酬勤,短短两三年间,李如成获得数百万元的利润,掘得了宝贵的第一桶金。

人们常常把服装企业归属于夕阳产业,然而李如成依然把服装产业做得红红火火。雅戈尔衬衫近十年保持全国市场占有率第一。

成为白天鹅

通过横向联营,青春厂学到了先进的管理经验,培育了队伍,还完成了一部分资本和技术的积累,有了一定的业务通道。但横向联营受制于人,发展空间较窄,企业要再上台阶,就需要创造自身独立的品牌。就市场而言,当时处在短缺经济大背景下,好产品是"皇帝女儿不愁嫁"。1986年,李如成刚刚把自己的第一个品牌——北仑港衬衫推向市场,便受到各地商家的追捧。山城重庆发来一份紧急电报,"山城人民盼北仑港,火速发货"。第二年北仑港被国家商业部通报为全国畅销产品。当众人还沉浸在"北仑港"旗开得胜的喜悦中时,李如成却意识到北仑港品牌的局限性:品牌地域色彩太浓,文化含量不够,缺乏提升的空间。

1990年8月,在李如成的精心运作下,一个全新的中外合资企业雅戈尔制衣有限公司宣告成立。YOUNGOR(雅戈尔)是"青春"两个字的英文名称,李如成认为"雅戈尔"既有着"青春"厂的历史延续,又寄托着对未来的期待,且无论是英文还是中文,均书写流畅,音节朗朗上口,是一个近乎完美的创意。

不仅如此,李如成还瞄准国际一流品牌,选派大批员工到国外留学取经,按照国际顶尖产品的标准来制订企业的工艺、技术流程和质量检验体系,为雅戈尔创造了一个很高的起点。由是,雅戈尔产品一经问世便立即风靡大半个中国,订单如雪片般飞来,李如成形容当时的情形为"挡都挡不住"。1991年"雅戈尔"品牌获"中国驰名商标"称号,为当时中国服饰行业仅有的两家之一。

正当李如成把服装做得风生水起时,1998年雅戈尔集团股份有限公司股票在上海证券交易所挂牌上市。雅戈尔公司成功上市,开始涉足资本市场,为"雅戈尔"打开了一片更为广阔的天空。

有人说,李如成的运气太好了,股市的大牛市和房地产的大牛市他都

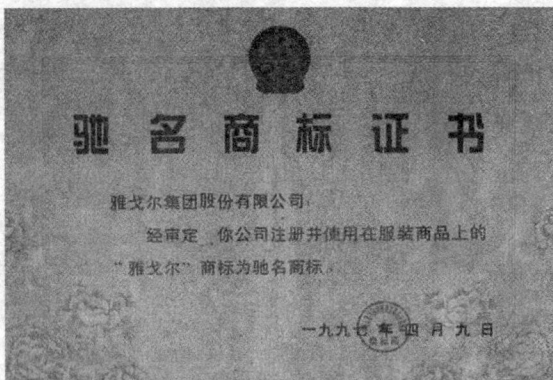

驰名商标证书

雅戈尔集团股份有限公司：

经审定，你公司注册并使用在服装商品上的"雅戈尔"商标为驰名商标。

一九九七年四月九日

抓住了。这边衬衫还在一件件地卖，那边股权投资的资产价值已是十倍、几十倍地往上翻。如果把现在的雅戈尔比作一架飞机，那么它的机身是服装主业，股权投资和房地产则好比两个机翼。

如今雅戈尔集团已拥有50多亿元净资产，年产衬衫1000万件、西服200万套，其他服饰2000万件，其主力产品西服和衬衫产量多年稳居全国榜首，成为中国服装行业当之无愧的领军企业和亚洲最大的服饰面料生产基地。

大营销

李如成斥巨资建设全国营销网点和大卖场，也引来一些争议。反对者最集中的一个观点就是，这样做会造成调度不灵、大量过季过时产品积压。1999年初，李如成访问了美国最大的销售企业Jcpenney，他了解到Jcpenney年经销各类服装数千万件，销售额超过250亿美元，但如此巨大的业务通过计算机网络管理，仅有四个仓储地，基本实现零库存管理。借鉴国际同行的先进经验，李如成推出的"大营销"有这样几个特点：

一是占领市场制高点，以大城市、省会城市的自营大卖场为龙头，展示自身实力品牌，从中心城市向周边地区拓展渗透，加快专卖系统的形成。

二是设立配送中心，连接生产与销售，集营销、物流和资金于一体。2003年起，雅戈尔投资5000万元与中科院合作实施数字化工程，通过现代化网络平台将海内外、全国各地的生产、经营、科研等各种数据汇总到一个平台，整个运作体系如臂使指，反应灵敏。李如成说，沃尔玛的信息库超过美国国防部，雅戈尔凭借自身独特的运行机制和高科技手段，也可以使

企业既能稳步发展又能充满活力。如通过信息化技术，雅戈尔开发成功异地量体裁衣，在北京、上海甚至国外，只要将顾客数据输入电脑，经过技术合成，总部基地即可制板生产。雅戈尔的工程师说，此项技术原来是从日本引进的，但经本土化改造后，比日本还先进。

> ## 企业精神
>
> "奉献，进取，宽仁，合作。"不计较个人得失的奉献精神及永不满足的进取精神是雅戈尔最重要的精神内核，代表了企业的张力。宽仁与合作则代表雅戈尔文化的内省精神。雅戈尔对员工采取的是"共济"之道，为员工创造、造就一个平台型、亲和型、平权型企业。

　　三是围绕销售密集地区，建设新的生产基地。李如成告诉记者，服装产品的运输仓储费用要占总成本的约15%。前不久，雅戈尔与重庆市南岸区正式签约，准备在重庆征地118亩投资两个亿，建设雅戈尔西部服装城，把生产与销售资源整合起来，使广大中西部地区成为雅戈尔未来发展的新增长点。

走国际路

　　李如成悟性极好，在雅戈尔每一个成长的关头，其谋略、决断、行动几乎都恰到好处。前些年，国内纺织业"压锭、减员、扭亏"陷于低谷，李如成却反弹琵琶，投资20亿元人民币向服装产业上游延伸，进军纺织面料。众人颇为疑惑。李如成说，纺织企业"压锭改造"原因是技术工艺的老化，而不是产业的衰落。目前，我们国家服装面料的自给率仅为40%，每年要进口近50亿美元，倘若国产面料自给率能提高10%，不但可为国家节省外汇10亿美元，整个纺织行业亦可增加几十亿的利润。雅戈尔纺织城新型面料问世后，以其高密度、精细编织及免烫、抗菌等多种功能而备受中外厂家青睐，不但填补了国内空白，国外一些大公司也纷纷下单。

　　李如成说，他有一个梦想，就是要在全球经济一体化的浪潮中，让中国普通消费者也能享受国际一流的高科技产品。早在1994年，李如成就从日本引进HP衬衫免熨工艺，此项产品面市后，在国内衬衫行业掀起了一股免熨热潮，同年雅戈尔棉免熨衬衫被国家科委等部委联合评定为我国

衬衫行业第一个国家级新产品。此后，李如成在提高自主开发能力的同时，不断从国外引进新工艺新产品，奉行"拿来主义"为我所用。去年初，李如成提出从美国引进世界领先的面料纳米技术，开发出拥有自身知识产权的纳米VP免熨衬衫，最近被授予国家级重点新产品称号。在产品演示会上，雅戈尔公司的技术人员将食油、墨水等倒在纳米衬衫上面，轻轻抖动立即滑落，不留丝毫痕迹，赢得了满堂彩。

经营现状

今天的雅戈尔，从纺织、服装到销售终端，编织成了一条长长的产业链，其庞大是外人难以想象的。作为一个产业，纺织服装部门齐全、品类丰富，有棉纺、毛纺、化纤、针织、印染等，每一项都有自己复杂的工艺技术、人才、原辅材料等一系列具体要求。至于遍布全国和海外的销售网络，不仅仅是产业内部的细化，更是第二产业与第三产业的打通整合。现在，雅戈尔拥有2万名员工、20余家独立法人公司、130余家分支机构，其体系囊括众多的产业和生产要素，环环紧扣，并且又都是可以独立开放的。据称，这样庞大的服装企业王国，在全世界也是绝无仅有的。

有人说，雅戈尔的可贵之处在于稳居潮头引领时尚但又不自我满足固步自封。李如成使雅戈尔在品牌经营、规模化生产这两个方面获得了比一般厂家高得多的超额利润，又将这些利润进一步转化为超规模的生产、更先进的技术和更细化的市场网络，从而在原来低门槛的服装行业中，给潜在的竞争者设立了一道几十亿元高的市场门槛，也为雅戈尔壮大自身实力、接轨国际构筑了一个高起点平台。

但李如成仍未敢自大，他说，从中国本土来看，雅戈尔服装的多项指

标已多年稳居榜首，但放在全球大背景下就不同了。2004年雅戈尔完成销售额139.4亿元，实现利润8.99亿元，相当于欧美发达国家的中小企业。要"创国际品牌，建百年企业"，我们还有很长的路要走。

第三节　李如成创业成功仍然一如既往

成功后的脚踏实地

已获得巨大成功的李如成为人处事非常低调，现今一些企业家、明星，如果没有张扬的个性似乎不成为"人物"，李如成却是个例外。媒体朋友常说，雅戈尔报道不好写，关键在于李如成不擅多谈。有人说，李如成处事低调，外圆内方，不狂不妄，不发"热烧症"，能善听各方意见，故决策较少失误。宁波是中国服装之乡，有3000家规模以上服装企业。当时与李如成处在同一起跑线上的并非雅戈尔一个企业，但20多年下来，有的企业已无声无息了，还有些企业老"长不大"，而雅戈尔却始终处于领跑者之列，并且后劲十足。

有人向李如成讨教成功之道。他说，雅戈尔没有经验，因为任何企业的发展都必须将自身条件与市场实际相结合，套用某个模式是不行的。如果说雅戈尔真的有什么经验的话，他以为，就是企业决策者要经得起外界的诱惑，不要好高骛远，像熊瞎子掰玉米，掰一个丢一个。他说："1998年雅戈尔上市成功，当时手里资金比较宽裕，有人来出主意，说去搞金融，搞高科技产品等，我们都回绝了。因为我们再三研究，企业搞多元化不仅仅是钱多钱少的问题，而是要有人才、市场的支撑，要有多种要素的配套。从雅戈尔来看，我们擅长的是做服装行业，把服装行业做大做强，企业同样有广阔的发展前景。"李如成有句名言：企业成功的关键不是跑得快，而是少走弯

企业宗旨
让消费者满意，使合作者发展。开拓与稳健并举，人才与事业共长，物质与精神齐进，品质与品牌同步。

路,不犯或少犯错误。

平稳发展

谨慎探索、平稳发展并不等于碌碌无为。李如成对于如何发展中国服装产业有他自己独特的见解和主张。上个世纪80年代初,中国服装业"风乍起,吹皱一池春水",有人认为,服装是低成本低技术、劳动密集型产业,主张"遍地开花"办服装厂。李如成持有异议,他说,服装是传统产业,但不是落后产业,发展中国服装的出路在于提升其科技含量,以科技之手"后来居上"。他把有限的资金用在技术改造上,从上世纪90年代初开始,李如成多方筹资,从德、意、日等世界服装王国引进现代化的生产线,包括国际一流的全自动预缩定型设备、CAD系统、自动吊挂系统及智能化整烫设备等。当时中国服装协会的专家来到厂里参观后感叹道,中国引进服装技术不用出国考察,雅戈尔就是最佳"博览会"和实验基地。世界服装大师皮尔·卡丹在参观占地500亩的雅戈尔国际服装城之后赞道:"我走遍了各国知名服装企业,你们的设施、规模在世界上首屈一指。"

把握市场

李如成认为,现代西服不仅要求工艺精湛、制作精细,更需要造型设

计的完美,体现服装的人性化理念。雅戈尔建立的当时世界上最先进的西服样板中心,其推出的薄型、超薄型西装,不仅拥有欧美时尚风格,亦兼具东方民族的着装特点,产品一问世,即成为业界的黑马,销量连年以两位数增长。"只有占据终端才能掌握自己的命运。"李如成这样说。雅戈尔最初走的也是产销分离的传统模式,但是在实际操作中深感原来的商业体制束缚太多,常常"叫不应"。李如成说,开枪要越接近敌人才越打得准,企业要贴近消费者才会摸得准市场的脉搏,雅戈尔的核心竞争力应从构建自己的营销网络着手。从上世纪90年代中期起,李如成调集精兵强将,下决心打造自己的销售网络体系。经过十年努力,雅戈尔耗资15亿元,在全国建起了100多家分公司、2100家营销网点,其中营业面积300平方米以上的自营店有300多家。投资1.5亿即将亮相的上海"雅戈尔自营旗舰店",位于中国商业第一街的南京路上,店铺面积达5000平方米,是目前国内最大的服装专卖店。据悉,在未来的四五年中,雅戈尔还将每年投入二至三个亿开设大型专卖店,实现全国大型连锁店超500家的目标。

调整提升营销网点,发展超大型自营专卖店和窗口商场等建设,成为雅戈尔营销模式的一大特色。李如成说,大型自营专卖店投入不菲,但其功能是全方位的,不仅是雅戈尔的顾客服务中心、销售中心、信息中心和决策中心,同时也是宣传雅戈尔品牌和实力的形象中心,是雅戈尔自身广告宣传的最佳载体。

借船出海

进入21世纪,面对世界产业结构调整,扩大国际贸易、加快推进企业外向转型,是李如成又一个着力点。近年来他带领手下干将与意大利、日本、法国等国家的服装业巨头频频接触,在香港及美国、日本等国家和地区联手兴建合资贸易机构,借船出海,开发自己的海外销售渠道。正当中国纺织品出口争端硝烟四起之际,雅戈尔集团的主力产品西服和衬衫向海外的销售数量却比上年同期分别递增了120%和70%,并且运用多种策略,巧妙地避开了"设限"特保的狙击。在斗智斗勇的国际贸易战中,李如成的精明和深谋远虑,又让众多业内人士击节赞叹。

李如成说,我们做外贸出口坚持"两条腿走路",既有自主品牌出口,也有贴牌(OEM)加工。但是我们开发国际市场绝不打价格战,与国内同行自相残杀。这些年来,中国企业竞争最常用的就是低价手段,从国内打到国外,以至中国产品成了低价劣质的代名词,这种现象不能在雅戈尔身上重演。雅戈尔接待外商,先让他们参观工人宿舍、食堂、厕所,再考察厂房、生产设备,让国外同行亲眼看到雅戈尔的实力与国际上最好的企业相比也毫不逊色,接着才进入实质性生意谈判。李如成说,雅戈尔开价比国内同行要高出30%至50%,我们说雅戈尔既然是最优秀的,就值这个价。有一外商嫌雅戈尔价格高,最初生意未谈成,把订单给了国内另一家企业,两个月后却再次主动上门,说就按雅戈尔的价格做,因为雅戈尔产品确实是"最棒"的。现在要求与雅戈尔合作的外商络绎不绝,但李如成还要好中选优。他说做生意要把眼光放长远些,不能把"所有鸡蛋都往一个篮子里放"。如近年来雅戈尔有意拿出一部分外贸加工能力,留给东南亚、中东地区的客商,因为欧美服装行业反倾销贸易壁垒官司较多。雅戈尔出口渠道广了,就可以在国际市场上游刃有余。

其实早在10年前,当雅戈尔衬衫、西服在国内市场供不应求时,李如成已未雨绸缪地在策划拓展国际商路。上世纪90年代末,日本经济在亚洲金融风暴冲击下处于低迷之中,李如成借机进军日本市场,第二年便取得了销售额超过5000万美元的不俗业绩。

服装奇才

提起雅戈尔,在中国可以说是鼎鼎大名。雅戈尔不仅是一个地域性的企业,一个单纯的品牌,还是中国企业走向世界的一个经典。作为雅戈尔的创造者,雅戈尔集团总裁李如成,也成为了当代中国成功企业家的代表人物之一。

日本某权威机构在预测日本未来10年最具发展前景的1250家企业时,日本雅戈尔公司名列第268位。

第四节　雅戈尔品牌

发展历程

第一阶段:80年代初依靠横向联营起步,借助大企业的一些经营思路和管理方法,使企业得到迅速发展。

第二阶段:80年代末引进外资、技术、管理,使经营层的观念获得新的突破的中外合资阶段。

第三阶段:90年代初成功进行了股份制改造,使企业实现从量变到质变的飞跃,真正走向市场。

第四阶段:90年代后期,雅戈尔股票成功上市,把雅戈尔推向一个与国际接轨的新阶段。

诞生过程

雅戈尔企业文化随着雅戈尔集团的不断成长而形成,他根植于企业,可追溯到1979年的"青春服装厂"时期,经过横向联营、引进外资、股份制改造、资本上市等发展阶段,通过中国传统文化与西方文化的嫁接,在企业的变革成长中不断锤炼,不断推陈出新,形成今日雅戈尔企业文化的整体面貌。

雅戈尔集团创建于1979年,经过30年的发展,逐步确立了以品牌服装、地产开发、股权投资三大产业为主体,多元并进、专业化发展的经营格局,成为拥有员工5万余人的大型跨国集团公司,旗下的雅戈尔集团股份有限公司为上市公司。

品牌服装是雅戈尔集团的基础产业,经过30年的发展,已形成了以品牌服装为龙头的纺织服装垂直产业链。随着2008年集团并购美国KELLWOOD公司旗下核心男装业务——新马集团,雅戈尔更获得强大的设计开发能力、国际化运营能力以及遍布美国的分销网络,成为全球最大的男装企业之一。

目前雅戈尔在全国拥有100余家分公司,400多家自营专卖店,共2000余家商业网点。拥有衬衫、西服、西裤、茄克、领带和T恤六个中国名牌产品,主打产品衬衫为全国衬衫行业第一个国家出口免检产品,连续15年获得市场综合占有率第一位,西服连续10年保持市场综合占有率第一位。雅戈尔品牌多次获评最受消费者喜爱品牌和行业标志品牌。

雅戈尔品牌服饰连续七年稳居中国服装行业销售和利润总额双百强排行榜首位,被评为最受消费者喜爱品牌。相继获得中国服装协会颁发的公众大奖、成就大奖、营销大奖,是首届浙江省十大品牌创新先锋之一,被中国品牌研究院评为行业标志品牌。

天价征地

2007年7月,雅戈尔以14.76亿元夺得杭州市区36131平方米地块,楼面地价达到15712元/平方米,一举成为杭州地王。

近些年来,我们听到的、看到的不外乎是外资并购我们的民族品牌,而李如成的逆流行事给很多人带来了一丝欣慰。此举意味着雅戈尔在主营业务上再次发力并已踏入国际市场。

而雅戈尔7月9日在杭州天价拿地,并不是李如成在房地产领域的"唯一演出"。2007年初开始,雅戈尔就开始大举拿地,并且创造一周内连续出击竞拍宁波和苏州多幅地块的历史纪录,同年9月、10月份雅戈尔再次在杭州拿下两块地。

除了服装和地产，雅戈尔投资中信证券也被视为中国资本市场的一个传奇。事实证明，雅戈尔高层的"纺织服装、房地产、股权投资"三大产业格局正在明晰。

经营策略

2008年1月21日，宁波雅戈尔集团总裁李如成确认，雅戈尔与美国Kellwood Company(下简称"KWD")之间的收购案已获得国家有关部门批复。

据悉，此次收购，雅戈尔以1.2亿美元的净资产价格购入。收购资金的30%来自于公司自筹资金，七成由国家进出口银行以年息6%贷款。

雅戈尔以7000万美元收购KWD全资子公司KellwoodAsiaLimited持有的SMART100%股权，以5000万美元收购KWD持有的XinMa(香港新马服饰)100%股权。

雅戈尔还将获得XinMa分布在中国及东南亚等地的14家生产基地，包括POLO、CalvinKlein在内的20多个知名的ODM加工业务，拥有Nautica、PerryEllis等五个授权许可品牌和庞大的物流系统。

近年来，雅戈尔从棉田到成衣的产业链条形成后，又完成了地产、金融等多元化业务。

KWD是美国上市公司，旗下业务以XinMa和SMART公司为主体，业务内容包括对世界级品牌的代工业务生产、美国国内销售、设计以及物流配送体系。2006年度，KWD销售额20亿美元，其中新马服饰销售额5亿美元。根据上述并购协议，KWD在并购完成后将相关业务全部整合进入XinMa。

雅戈尔与KWD已是老相识。2004年，雅戈尔便与SMART以1:1比例合资组建雅新衬衫有限公司，主要进行衬衫OEM生产，产品通过香港出口美国市场。同时，新马公司亦参股雅戈尔日中纺织印染有限公司。

2005年初，KWD因为预期到美国经济会出现一定程度的衰退，试图加强其专业能力,故欲出售包括新马在内的男装部门。但当时其资产评估方估价远高于雅戈尔可接受价格,双方的接触并未深入。

2007年,KWD男装业绩出现一定下滑,该公司再次萌生出售意向。接着,雅戈尔提出了一套"捆绑"并购方案,最终与KWD达成一致。

李如成表示,雅戈尔将通过整合,消化新马服饰多年下来积累的业务、渠道、人才和品牌经验。如果并购后融合顺利,新马的设计团队能够促使其自有品牌服装顺利进入美国市场。

国信证券分析师高芳敏认为,SMART主营的衬衫业务与雅戈尔具有很大的整合潜力,本次收购有利于提高其服装设计和销售能力,业务的相似性有利于内部整合实现协同效应。

第八章　成功不可复制——陈中怀

人物名片

　　三点水童装是温州童装品牌群中冒出的又一匹黑马,两年时间,在全国开出二百多家专卖店,被评为"温州市场最具影响力童装品牌"。这是陈中怀继当年从加工厂老板,转行做康奈内衣之后的又一次华丽转身。

　　曾经因为一场意外大火,烧掉了他十年打拼积累的资本,擦干泪水重返商场;从体育服装生产跨越到针织服装,从内衣到童装;从生产企业到打造自主品牌,他义无反顾勇闯童装界……直到获得引人注目的成功。

第一节　走近人物

个人简介

　　陈中怀,1959年出生。1988年大专毕业后顺利接下父亲的"温州市星球体育服装厂"。1996年服装厂遇大火重新创业。2000年底,康奈集团准备向内衣行业发展。2008年,三点水童装正式成立。现任浙江三点水童装有限公司董事长。

　　他是央视创业互动栏目《阳光大道》的一位经验老到的圆梦团嘉宾,他眼光敏锐,判断准确,携带着富有诱惑力的童装创业机会来到央视舞台,时刻准备为每一个有能力、有梦想的农民工插上梦想腾飞的翅膀;他是艰苦奋斗、勇于开拓、善于创新温州商人的代表人物。

　　曾经因为一场意外大火,烧掉了他十年打拼天下积累的资本,擦干泪水重返商场；从体育服装生产跨越到针织服装，从内衣到童装；从生产企业到打造自主品牌，他义无反顾辞去康奈内衣总经理和针棉织品分会会长之职，勇闯童装界，具有如此魄力的一个男人是豪放型还是细腻型？他的创业如何赢得掌声？在温州商人的故事中他的成功不容复制。

第二节　陈中怀艰辛创业路

一场大火，百万资产付之一炬，只能从头再来

2012年3月初，《阳光大道》在大连录制农民工创业互动栏目之际，十多位圆梦团嘉宾齐聚一堂，从江苏泓州金福车业董事长薛传方讲述自己从卖卤菜到投资新能源电动汽车的艰辛创业历程开始，每一位圆梦团企业家都有一个或坚强或抓住机遇或感人的创业故事。而陈中怀讲起自己在服装领域里打拼的创业史，令《大连商报》总编辑马力、大连晓芹食品有限公司董事长王晓芹等多位老总印象深刻且为之动容。

1988年，陈中怀从浙江电大机械工程专科大专毕业后顺利接下父亲的"温州市星球体育服装厂"。经过一系列革新：参加订货会、拓宽渠道、进口设备……陈中怀很快让原来那个只有十几台家用缝纫机的小工厂，变身为有200多名工人的企业。企业一度被评为鹿城区重点企业。

正当陈中怀在服装贸易领域准备大展宏图的时候，1996年2月26日凌晨3点多，陈中怀被电话吵醒，等他赶到厂门口时，眼睁睁地看着自己辛辛苦苦经营的工厂在大火中燃烧。多年的苦心经营，就在大火中化为灰烬。大火后的废墟，连一个茶杯都不剩。甚至自己还欠下了很多国际订单违约金，以及物流运输的订单费用。

在陈中怀的眼前，只有两条路：站起来，抑或是就此被打垮。消沉的日子没有几天。这时候，妻子的支持、亲朋好友的鼓励，还有在当时任温州市

服装商会会长的刘松福的带领下，温州服装界的同行纷纷捐款。

就这样4个月后，陈中怀重新筹备办厂。工厂开业时，所有员工全部回厂，那时员工工资还拖欠着，但是他们相信老板的诚信和能力。老客户继续回来下订单，多付订金，或者产品加价，也给予他很多支持。时至今日，陈中怀仍感激不尽，那场大火，虽然财物上有损失，但自己得到的更多。

> **陈中怀做事做人准则**
>
> 在商场中打拼立业先立德，做事首先还是做人；讲诚信，有品德，即使遇到困难，甚至人生遇到逆境的时候，一切从头再来，都能够来得及。

一件淑女裙，带来新的创意，人生再次华丽转身

2000年底，康奈集团准备向内衣行业发展。一直做针织服装厂老板的陈中怀相对熟门熟路，于是他关掉自己的服装加工厂，带着一批老员工投身康奈旗下，开始经营康奈品牌内衣——康奈内衣。2003年，康奈内衣成为最早推专卖店模式的内衣品牌之一。当时康奈内衣在温州五马街公安路路口的第一家试验专卖店，只有十几平方米。开业第一天，生意忙得不可开交，晚上连店门都关不了，因为不断有顾客进店选购。主要以卖一件27.5元的普通内衣为主，第一天，营业额居然达到5万多元。在短期内，陈中怀带领团队让康奈内衣品牌知名度得到极大的提高，2006年，陈中怀当选为温州市服装商会针棉织品分会会长。

2007年下半年，康奈集团筹划品牌向童装业延伸。陈中怀辞去康奈内衣总经理之职，也辞去针棉织品分会会长之职，带着他的精干团队奔赴童装第一线。半年多时间做调研、

跑市场，做好完备的分析之后正式确定上马童装项目。

陈中怀的角色变化让很多人吃了一惊，毕竟他把康奈内衣做成了众人皆知的品牌，没有人想到他会放弃现有的积累开辟一个新的服装领域。但他的突然转型却也是筹划已久的。

"我夫人经常会给孩子们买衣服，有一次给女儿买的一件淑女连衣裙就花了1000多元，这触动了我内心某根神经。"陈中怀想到，在中国，平均每个儿童至少有好几个大人替他买衣服，而能给自己买内衣的，恐怕只有老婆一人。再说了儿童的消费力甚至比大人更强。

从那时开始，陈中怀便开始潜心研究童装市场。据他了解，中国有3.2亿适合穿童装的消费者，拥有400多亿的市场容量，童装的市场份额增长速度快于其他许多类别如T恤衫、女装、牛仔服等。

2008年，三点水童装正式成立，而为什么取名"三点水"呢？每当有记者带着疑问带着猜测面对陈中怀：难道是和那一场大火有关？陈中怀此刻总是睿智一笑表示：不同于很多童装品牌是外国动画片的名字，"三点水"这个名字是带着中国元素的；三点水中"三颗水珠"，寓意三种含义，第一点水是水珠，意为儿童健康成长；第二滴水是音符符号，是童年快乐时光的表现；第三点水像一个逗号，是每个孩子不断进步的含义。而这些水珠同时象征着企业的生机和活力，寓意他所领军的童装将不断突破自身局限，朝着多元化、集团化、国际化方向发展。

"我们不仅会以'水'为文化，以'三点水符号'为内涵推出春夏秋冬四季服装，更追求个性化与国际化的流行趋势设计，紧跟时尚潮流脉搏，结合儿童成长特点，实现流行与优质、实用呼应、时尚与健康、益智并存。"

陈中怀是这么说的，也是这么做的。围绕儿童"三点水"不仅是做一

种服装，而是要经营一个儿童社区，提供与纺织产品相关的儿童用品。与一般的服装店不一样，"三点水"将建立儿童俱乐部，在自己的专卖店中建设游玩区，比如，邀请小朋友来专卖店参加做游戏、听故事等互动活动。"三点水"将通过俱乐部建立客户忠诚度，为多元化发展构建基础。

陈中怀在三点水品牌的培育、推广中稳扎稳打，用他的"慢火细炖"理念精心运营。他认为：目前，中国童装销售的60%集中在批发市场，而在这里销售的产品多数没有品牌，多属中低档产品。"三点水"的设想从一开始就定位高端，紧紧围绕"尖端"二字构建整个战略、研发设计、品质、品牌、渠道体系。

在温州服装商会15周年庆典上，三点水童装有限公司捧回"温州市场最具影响力童装品牌"奖牌。同时，三点水童装顺利通过了ISO9001:2008质量管理体系、ISO14001:2004环境管理体系和GB/T28001:2001职业健康安全管理体系"三合一"体系认证。从产品质量，到办公环境、物流、直营店铺等全方面都要接受严格审查。陈中怀还自豪地说，刚开始创业童装的两年中，三点水经历了三次政府权威部门的突击抽检，无论是公司总部还是终端店铺的抽检都全部合格。能把好这样的质量关，比成功开200家专卖店更让他高兴。

一份责任，为农民工圆创业梦，他义不容辞

2012年8月18日，三点水童装廊坊店盛装开业，陈中怀亲自到场为之庆贺剪彩，这家店是三点水童装通过《阳光大道》节目赞助农民工吴晶钰创业的第一家新店，他对此店的发展寄予了很大的期望。

吴晶钰，一个出身东北贫困家庭的女人，她的成长路上经历了常人难以想象的磨难，一路艰辛地走来，但是她有一个梦想：开一家属于自

> **名人语录**
>
> 以"务实求真，敬职敬业"为核心的企业文化。
>
> ——崇尚品行为实，尽善尽美。
>
> ——崇尚大家风范，稳健内敛。

己的童装店。5月3日,她来到《阳光大道》节目录制现场,她凭借着其自立、自强和不服输的个性征服了现场的所有嘉宾和"圆梦团"成员,陈中怀更是被吴晶钰的自信大方的表现以及永不言败、永不放弃的精神所感染。他很赏识这位敢于和命运抗争,敢于从生活的磨难中爬起并坚强地挺过去的女士。最终与之签约,三点水将赞助其价值20万元的创业资金,圆其开一家自己童装店的梦。

吴晶钰想开一家童装店的资金有着落了,但是她又开始为自己没有童装店的店铺运营经验而犯愁,担心自己开了店却出现经营不善的局面。陈中怀通过《阳光大道》节目组了解到这一情况后,马上打电话给吴晶钰告诉她,"三点水童装是你的强力后盾,一定会全力帮助你克服店铺经营中的一切困难",并邀请吴晶钰来三点水公司接受店铺运营培训。三点水还为吴晶钰"量身定做"一份店铺运营培训方案。

《阳光大道》公益项目三点水童装在店铺开业后,他还将派两名市场督导驻店,开展为期20天的店铺运营实时辅导,并对所有店员进行全方位的培训,以便店员早日熟悉业务。在开业典礼上,陈总表示,"这家三点水童装店是吴晶钰新的起点,我们将尽全力帮助她走下去,我们也愿意帮助更多的农民工朋友们实现他们的梦想。与《阳光大道》的合作是一个三赢甚至是多赢,对于农民工吴晶钰来说改变了人生命运,实现了创业梦想,对于三点水童装也找到了合适的合作伙伴,打造了品牌与影响力,对于《阳光大道》栏目同样增强了美誉度,公益的力量进一步加强"。

陈中怀的成功不是偶然,一场大火让他从头再来,感受到了做一个高尚品格人的重要;他甘冒风险两次转型,虽跨越之大却每一步都走得很稳健踏实,这对陈中怀来说,是两次成功的华丽转身;他因女儿的一件淑女裙而选择童装,无疑是一个细腻而果断的人;在举步维艰的创业之初仍不忘爱心事业,其定位便为以后的成功埋下了伏笔;陈中怀的成功是必然,且不可复制。

一位有爱心的老总

陈中怀是一个富有爱心的老总,三点水童装有限公司成立四年来,一直坚持不懈地开展各种回馈社会的公益活动,例如为5·12汶川地震献爱心、看望驻温海军、丹璐广场义卖、为西南地区旱灾捐款,以及参加浙江交通文明出行,为出租车司机送清凉等活动。在关注儿童成长方面,三点水童装分别开展了以"知识、温暖、梦想"为口号,为市区三好生赠报、全力赞助仰义一小举办校园运动会、走进云湖乡中心小学慰问师生等多项活动。2011年又联合温州市教育局等多个部门,举办"春泥之星"电视节目,为农村小朋友搭建展示才艺的舞台。据了解,三点水童装近年来为社会公益慈善事业捐物、捐款累积达到500万元以上。

第三节 "三点水"童装

品牌介绍

浙江三点水童装有限公司是一家集设计、生产、销售、品牌运作为一体的专业性儿童服饰及儿童用品公司,由国家大型重点企业康奈集团有限公司董事长、总裁郑秀康先生注巨资打造。公司坐落于瓯江之滨的中国鞋都康奈国际产业园,拥有生态花园式厂房和现代办公大楼。

三点水坚持产品开发与品牌扩张并向发展的企业战略,具备国内顶尖的童装设计师及生产工艺师队伍,并积极与法国巴黎及香港的儿童时装设计室进行合作,开发融合世界先进工艺与时尚理念的符合亚洲儿童穿着的精品童装。

"三点水"企业战略

"三点水"坚持产品开发与品牌扩张并向开展的企业战略,具备国内顶尖的童装设计师与生产工艺师队伍，并积极与法国巴黎及香港的儿童设计室进行合作，开发融合世界先进工艺与时尚理念的符合亚洲儿童穿着的精品童装。

公司独有的产品体系和饱含个性、休闲、时尚、舒适的产品设计使"三点水"身手更加游刃有余。尤其是不久上市的秋冬装，加入东方元素，包括儿童卡通、传统风格的印花等，结合现代更多成长、健康的创作理念，既满足广

三点水公司代理

代理商可以自己开网店，但必须到公司登记，统一价格、统一管理。否则实体代理商将受到处罚。对代理商而言，统一管理后的好处也是显而易见的：总公司将给代理商提供图片，并给予更多的货品及调换货支持，享受公司提供的统一售后服务。

大家长、老师的期望，又形成"三点水"的独特风格。

公司引进国内知名的品牌策划机构全程参与企业整体包装和品牌运作，导入国际先进的儿童品牌发展理念与运营模式，立志将"三点水"品牌打造成国内一流的著名童装品牌。

"健康、快乐、成长！""三点水"童装以专业的水准和执著的追求，投身于儿童成长事业，向"制造中国最优秀童装，成就中国最知名儿童品牌"的目标而努力！

第九章　挖掘大肚子经济的男人

人物名片

　　1991年,从小成绩不错的赵浦从南京大学环保专业毕业了,他进了杭州的一家勘测设计研究院。不过,这份专业对口、待遇优厚的工作他只做了一年半,安逸的日子终于抵不过挑战带来的诱惑,这个爱"折腾"的年轻人一头扎进了商海。"十月妈咪"重新定义孕妇装,将旗下所有孕装产品从婴儿用品区中剥离出来,放入时尚女装行列,以年轻化、时尚化和可搭配性来取悦白领女性,是目前国内最大的孕妇装公司之一。

第一节　走近人物

人物简介

　　赵浦,男,浙江金华人,无党派人士,上海有喜实业有限公司董事长。1991年毕业于南京大学环境工程专业,大学毕业后,赵浦进入杭州一家勘测设计研究院工作。此后不久即辞职经商, 做兽药和教学器材的外贸生意,淘到了人生的第一桶金。1997年进入孕妇装行业,1997年投入时尚创意产业,成立专业服装品牌运营公司,以"十月妈咪"及UKI"有喜"孕妇装自创品牌,经营中国孕妇装市场。公司2010年实现销售收入1.1047亿元。2003年赵浦将公司总部移到上海, 并在2004年年底正式组建上海有喜工贸有限公司,建立起遍布全国各地的销售渠道。2004年获得中欧国际工商学EMBA学位。

担任职务

赵浦担任"上海市浙江商会第七届理事会理事"、"南京大学浙江校友会副会长"、"上海市防电磁辐射协会副会长"、"全国电磁屏蔽材料标准化技术委员会创始委员"等社会职务。

孕妇装是一个相对狭窄的产业,然而就是这个窄小品类中,赵浦打造了一个年销售10亿以上,拥有上百家门店,在电商渠道上占75%以上的母婴类品牌。"十月妈咪已经发展了十五年,在这段漫长时间里,我们放弃了很多东西,最终还是继续坚持下来。"

第二节　赵浦创建"十月妈咪"

"小市场"里有大惊喜

"我们进入孕妇装行业是个十分偶然的机会。"赵浦说。1991年,赵浦从南京大学环保专业毕业,进了杭州的一家勘测设计研究院。不过,这份专业对口、待遇优厚的工作他只做了一年半,爱"折腾"的他很快就一头扎进了商海。

赵浦与众不同的思路在从商之初便已显现。他最早做的是外贸。一提起外贸,许多人就会自然而然地联想到服装,不过当时最吸引赵浦的却是两个生僻的行业:兽药和教学器材。在赵浦看来,很多人在做的事并不代表着高利润,而有些行业尽管入门门槛高,进去了以后却往往别有一番天地。事实也正如赵浦想的那样,他在这两个相对冷门的领域里淘到了人生的第一桶金。

转眼过去了五六年,赵浦的外贸生意越做越稳健。后来一个偶然的机会,赵浦的一个朋友请他帮着做出口孕妇装检查方面的事情,因为身边有怀孕的朋友,赵浦就为她们送去几件没有通过检查的产品。在当时,孕妇

装在国内市场上还很难看到，大部分孕妇都是穿运动服等比较宽松的衣服。赵浦的孕妇装受到了朋友们的极大欢迎，很快就有很多人希望通过赵浦能够买到适合自己的孕妇装。看到这种需求，赵浦灵机一动，创办了一家专营孕妇装的"杭州未来妈咪服饰有限公司"。

舍弃金饭碗,夫妻同力创业

1992年,赵浦与夫人涂文虹在杭州开了家小店,销售自有品牌孕妇装"十月妈咪",同时也代理丹麦Lego和意大利Chico玩具。在国有企业纷纷裁员的90年代初期,"十月妈咪"的销售异常火爆。杭州电视台甚至制作了一期节目,将"十月妈咪"树为"下岗工人再创业的典型"。而实际上,他们夫妻分别是从华东设计院和外贸局辞职,丢弃了当时的金饭碗开始创业。

第一家店试水了,门面很小,里头的东西也不多,可是当它在庆春路上营业时,生意出乎意料地火爆:等着试穿的人店里站不下,小店门外竟然排起了队伍!

1997年,当赵浦通过一次偶然的机会开始做孕妇装时,这还是一个鲜有人涉足的、不起眼的小众市场,一个大男人投身这个小行业,难免让人有些不解。但一贯喜欢"剑走偏锋"的赵浦逐渐意识到,在这个小行业中是可以大有作为的。如今,十多年过去了,我国孕妇装市场的年销售额早已轻松跨越10亿元关口,这个小行业也成为私募基金和风险投资眼中的"香饽饽"。而对赵浦来说,"好日子"似乎刚开始,更大的计划正在筹划中……

1997年迈出的这一步,使赵浦往后的人生都与"大肚子的幸福女人们"结了缘。2003年赵浦将公司总部移到上海,并在2004年年底正式组建了"有喜工贸","有喜"的创意名字颇有中国传统意味。如今,"十月妈咪"在国内已经拥有超过115家直营店,加盟店也超过了200家。

从一开始做外贸,到后来经营孕妇装,赵浦每次的选择都是"剑走偏锋"。对此,赵浦说:"我的头脑里一直存在着这样两个概念:大众和小众。大众的东西看起来消费群体很大,但做的人也多,同质化竞争就很容易出现。但小众的东西尽管看起来覆盖面窄,其实目标群体非常集中,而且这些行业很容易被忽略,因此做得好利润空间反而更大。我刚做孕妇装的时候也只是抱着试一试的态度,但是这种思路一直都是在的。"

"十月妈咪"迅速扩张为连锁店。赵浦第一次开始意识到代理商的身份和坚持自有品牌"十月妈咪"之间的矛盾。在这条岔路口,赵浦毅然决然停止了所有的代理,开始在发展自有品牌的方向上发力。

防辐射的需求是"十月妈咪"在90年代末销量迅速飞涨的主要原因。最快的时候,赵浦一年内开了数十家分销店。在早期,赵浦采取了专营店与加盟店共同发展的方式,这种低成本扩张的方式,很快让"十月妈咪"出现在全国各地的商场之中。

然而很快这种经营模式遭遇了巨大的危机。危机一部分来自于外部,加盟店模式快速实现了"十月妈咪"的全国销售布点,却没能带来同步销售量的增加。"很多次我对加盟商说,你们向我抱怨十月妈咪产品定价太高,卖不动。但你们有没有想到过,你卖掉一件十月妈咪的产品能够抵上多少件便宜货?"

更大的危机来自于内部。2001年后,作为共同的创始人,赵浦与妻子涂文虹在十月妈咪发展速度越来越快,年销售额超过千万之后,就遭遇了如何协同管理的问题。赵浦与涂文虹之间有着完全不同的管理理念,"她更感性,而我被她称作过于理性"。更为具体的纷争体现在,如何打造十月妈咪这个品牌;是否应该将十月妈咪迁至上海,从一家杭州地方企业发展为一家全国范围的连锁品牌。

这种纷争在一位高管离职、另起炉灶后达

防辐射服定义

它是采用金属纤维混合织物制成、具有减少或屏蔽电磁辐射、电波辐射作用的服装,制造工艺较为复杂。民用防辐射服产业于上世纪90年代末起源于中国。

到了顶峰，赵浦和涂文虹都陷入了一种情绪之中，每个人都认为自己是在为这家企业做改良，而两人的方向南辕北辙。赵浦夫妇商定找到一个外援顾问——先后任猫人、南极人总经理的职业经理人李晓平，十月妈咪正缺乏全国布局的经验，而李晓平还担负着另一种功用——"传话筒"。

> ### 行业描述
>
> 孕妇装及婴童产品行业在国内兴起还不到十年，目前在这一行业出现了两极分化：一部分是作坊型的小企业，出货量小、款式单一，目标客户为低端消费者；另一部分是来自台湾、欧美等地的品牌，目标客户为白领阶层。

赵浦劝涂文虹暂时放开管理权，"让我先试试看吧，如果按照我的方法能成呢？"

那段时间，李晓平的电话经常被夫妻俩打爆。尤其是在赵浦决定花巨资与小S签订广告协议的前夕，涂文虹的焦虑达到了顶点，她认为赵浦对品牌推广完全没有经验，贸然签约实在是惊险一跳。

而事实证明，赵浦的这一搏十分正确。作为一家年销售额仅7 000万的公司，他花费大量资金投入广告(这些广告资源后来市值近两亿元人民币)，在小S的代言形象广告下，十月妈咪成功塑造了一个全国品牌。从2007年至2012年，五年内十月妈咪的销售额连续翻了十倍，达到近十亿的销售额。

在漫长的品牌爬坡期，赵浦搞定了几件事铺垫布局。首先，在培育更多人购买孕妇装的习惯时，十月妈咪对孕妇装设计做了很多改变，将使用周期拉长。通过扣子、面料等元素的使用，使一件衣服既能够当普通衣服穿，又能当作孕妇装；同时，他还注意到新兴起的消费快时尚品牌，80后、90后成为消费主体，更加注重设计、品牌。赵浦就确定将时尚与孕妇装相结合，将"十月妈咪"定位为中高档时尚孕妇装品牌，目标客户群为中上收入的知性白领阶层。同时缩短产品的时尚周期。"时尚性越强，淘汰率越快，对企业的设计要求就越高，没有设计能力的公司就因无法长期参与竞争而被淘汰。"

赵浦埋头做这些时，正好赶上2007、2008年，江浙一带开始大规模的民间借贷,高额的回报让这项投机活动几乎席卷当地居民。不少做实业的人一年的利润相比借贷甚至炒楼都汗颜,"见面打招呼说自己还在开工厂都不好意思",实业陷入空前危机。赵浦周边的朋友开始鼓动他。从来没有接触资本运作的赵浦这一年"拿着孩子的压岁钱"试了一下,"立刻就放下了","做实业心态很重要,做了那事,心态会变坏,财富一夜暴涨,做实业的心肯定就没了。"赵浦现在唯一的投资是到各地去买商铺,"为了锻炼眼光"。

稳居孕妇装行业"隐形冠军"

2006年,我国孕妇装市场的销售额跨越10亿元关口,市场份额也向少数大品牌迅速集中,其中"十月妈咪"单品牌销售额为1.2亿元,稳居行业第一。据估计,2007年"十月妈咪"的销售额将超过1.8亿元。除"十月妈咪"外,目前我国孕妇装市场还有三四家年销售额3000万元左右的企业,其他多数企业销售额则在1000万元以下徘徊。2007年初,"十月妈咪"成功收购"福乐慈"孕妇装品牌,拉开了行业并购整合的大幕。孕妇装市场逐步进入到品牌竞争时代。

在孕妇装行业摸爬滚打了十多年之后,赵浦感慨地说,这个行业的"好日子"才刚开始。他说,我国正迎来一轮生育高峰,上世纪90年代出生的人口有2.6亿,以1.3亿对生育夫妻来预估这个市场,未来10年,整体孕妇装的客户群是庞大而稳定的。与此同时,孕妇装市场的消费主体也在悄然生变。上世纪80年代出生的人群,正逐步成为孕妇装市场的生力军。相比而言,"80后"人群成长的环境较优越,他们是对时尚较敏感的"少男少女团",她们更时尚,更注重产品的品质,而且更重视品牌的知名度和对品牌的认同感。

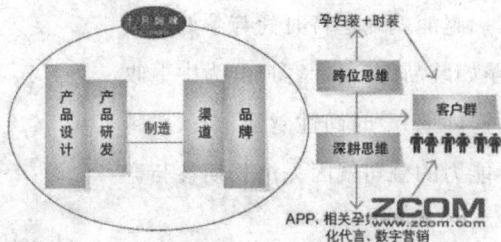

十月妈咪的战略逻辑

把孕妇装卖到海外市场

我国孕妇装市场巨大的发展潜力引来了一些国际巨头的垂青。据介绍,目前约有10家左右的国际孕妇装知名品牌正谋划进军中国市场,其中包括Motherswork。在美国,上至好莱坞明星下至普通人群,只要是孕妇就一定知道Motherswork公司,作为全美最大的孕妇装公司,Motherswork在2006年的销售额达6亿美元,市场占有率为50%。

同时,"十月妈咪"也在有条不紊地实施"走出去"的策略。赵浦透露,"十月妈咪"正在开拓日本的直销市场,同时已经进入我国台湾的台中、台南,并逐渐进驻台北等地市场。

在孕妇装这个细分市场默默耕耘了十年之后,"十月妈咪"终于崭露头角。到今天,孕妇好像突然变多了,大家都发现孕婴童是最有前景的朝阳产业,资本蜂拥而至。赵浦称今天的十月妈咪已经在市场形成垄断地位,找过自己的投资者不下200家。对于产业的前景,赵浦有自己的大逻辑。

中国的企业做到一定程度都有国外品牌的天花板。李宁在奥运之后,做出很多战略决策,希望提升品牌。但是在其品牌之上有耐克和阿迪,李宁很难突破,而同时,在其之下的安踏等国内品牌又上升很快,所以李宁在这两年遇到很大的挑战。其他行业也类似,哪怕婴童行业都有强生之类的品牌。唯独孕妇装产业不同。

"欧美的生育文化和中国不同,欧美的孕妇装采用材质都是柔软贴身,孕妇特征非常明显,但中国人还是更喜欢遮掩。看起来身材没变化,是中国人喜欢的方式。"文化的差异导致国外的品牌很难理解和适应中国的市场,之前加拿大、西班牙的品牌都曾到中

赵浦的周末

每逢周末,赵浦很少待在家里,常常和妻子带着小孩、父母穿梭于国内外各个城市。是为了考察市场,收集时尚信息,拜访业内时尚达人,了解最新流行的花色、布料等,每天的日程安排得满满当当。这一切都是为了让他创办的"十月妈咪"更迎合时尚孕妈妈的爱美之心。

国市场尝试，但最后都无奈退出中国市场。但是国际品牌对于像中国、印度这样有着巨大人口和消费潜力的地区一直都念念不忘。美国品牌Mothersworld曾经在中国市场徘徊很久，最终绕道印度开店。这些财大气粗的国际品牌在最初觊觎中国市场时都幻想过兼并的方式。2008年，赵浦接到过日本、法国、美国多个国际品牌的兼并邀约。"中国市场品牌没有他们想的那么弱，合作谈判我们都占主动。Mothersworld如果进来不和我们合作，在三年之内几乎无法盈利，对于一个上市公司而言，这意味着它将承受巨大压力。所以它对中国市场很谨慎。"赵浦说。

品牌布局的同时也意味着渠道的垄断。因为客流量的问题，百货公司习惯选择很少几家的品牌进驻。"比如假设一个地区有50家商场，如果其中40家有我们的品牌在，那么其他品牌的份额就相对小，市场就基本被垄断。垄断之后设计方向等就由第一名决定。目前十月妈咪与第二名差距至少在4到5倍。"赵浦说。

这样的市场地位让赵浦有机会思考大平台的梦想。"我们在消费链条的最上游，可以通过会员数据建立孕妇会所、瑜伽馆等等，而且从孕妇环节很容易延伸到婴童环节。一切都是水到渠成的事情。"

蝴蝶结防辐射服

它是背带式防辐射服，黑色蝴蝶结和丝光织带提升了整款品质，款式大方简洁，展示妈妈的细节精致品位度，面料是35.8%棉38.4%涤纶25.8%金属纤维，价格在400块钱左右。

目前，因为要发展电子商务，"十月妈咪"已经引入红杉等两家机构共计6000万投资。电子商务的力量超过赵浦的想象，"去年淘宝11月11日的光棍节促销，40个小时内订单有6万个，销售额超过800万。"赵浦说，今年电子

商务扩大至包括京东商城在内的更多网络平台，预计销售2.5亿到3亿元，大概占年度销售额的四分之一左右，"十月妈咪会线上线下渠道结合发展"。

第三节　赵浦的创意经济

请来小S代言助力

从2002年开始，到2005年决定大规模做市场推广，赵浦在品牌营销方面试错多次。2007年，赵浦与策划人丁秀伟决定同北京市卫生局与妇联合作孕妇标志，发给一些刚刚怀孕的准妈妈佩戴。标志的实用性在于，刚怀孕时腹部突出并不明显，但很需要在乘坐公交与地铁时受到优待。

不过实施时并不顺利，"十月妈咪"作为企业显得势单力薄。但赵浦没有放弃"让座"的立意，他在上班路上开车到地铁站，特意搭一段地铁去公司，发现很多人挤在里面，不得不盯着液晶屏幕。之后，有喜工贸便成为地铁媒体DMG(已被华视传媒收购)最早的客户之一。

对于广告本身，赵浦的三个理念是：公益、创新和娱乐。从公益的角度可以提高企业的社会诚信，加入创新与娱乐化就会吸引80后人群的注意。大家虽然对广告内容还有点迟疑，但对于代言人小S的风格则早已认可。

"小S很特别，她也曾经叛逆过，但现在是个好妈妈。"最初签约时，大家希望小S可以为宣传广告配唱，但由于她的声音与形象分属两家公司难以协调才放弃。最终出炉的《十

"十月妈咪"获得荣誉

经过十余年的运作，已发展成为国内首个销售过亿的孕妇装品牌。"十月妈咪"产品网络遍及全国30多个省市，覆盖各主流百货商场。2008年更获"中国驰名商标"的殊荣，并入围2008Zero2IPO-Venture中国最具投资价值100强企业，成为国内孕妇装行业名副其实的第一品牌。

月妈咪驾到》由丁秀伟的弟弟丁文伟参与创作,R&B风格轻快,歌词刻画了一对年轻新潮的夫妇,准爸有点霸道,准妈有点娇蛮,夸张之中也有温馨。

广告引起了一些争议,赵浦安慰丁秀伟,"公益的主题并没问题,重要的是被人们记住了。现在做宣传,有点雷人的招儿反而更有用。"十月妈咪的广告投放一年半之后开始被人们熟知。赵浦有次同几位企业家会面,对方听说十月妈咪立刻想起了地铁上的广告。

到了2009年,十月妈咪趁热打铁,在第17届中国国际服装服饰博览会举办了第一场秀,让模特们身着大肚装走上T台,还邀请小S到场。

地铁里的创意广告

"十月妈咪驾到,你们统统站到一边……"在北京和上海等城市的地铁里,经常会听到这首歌,它打破孕婴广告歌常用的舒缓曲调,借助色彩丰富的视频广告,让很多人对十月妈咪印象极深。

2004年,"十月妈咪"将设计营销中心从杭州移师上海,更名为"上海有喜工贸有限公司",从此进入高速发展阶段。

"我个人的感觉是,上海更容易塑造比较成熟的公司文化,而浙江是一个创业大省,更趋于推崇某种创业文化;另外,上海拥有许多世界500强企业,对于十月妈咪来说,将拥有更多的机会建立与优秀职业经理人之间的合作。再者,上海的确是一个更具国际化色彩的都市,这与'十月妈咪'的发展愿景也是相一致的。"

正如赵浦所希望的,经过一系列的品牌策划宣传后,"十月妈咪"品牌知名度迅速在各大城市打响,成为一个公益营销拉动企业复合增长的范例。

被误认台湾品牌

不知是遍地开花的营销手段还是邀请小S代言,很多人误以为"十月妈咪"是台湾品牌。赵浦笑言:"富达投资的首席代表钱昱第一次给我打电话时正在怀孕,听说我做孕妇装后问,是否听说过一个台湾品牌'十月妈咪'。其实我们是杭州出生,在上海长大。"

育儿书的妙用

2008年春节过后,《闪开!十月妈咪驾到!》由中国妇女出版社出版。这本书汇集了关于孕妇的饮食、着装、心情、星座宝宝、血型宝宝等时尚话题。

"一个多月时间,第一次印刷的2万本就销售一空。"赵浦欣喜地表示,十月妈咪将继续采用公益的形象、创新的产品、娱乐化的传播及创新的商业模式。

"孕妇装对质量要求非常高,我们也很重视这一点,因此很早就通过专门的质量认证,并且成为了2010上海世博会特许生产商及经销商。"赵浦说,今年,十月妈咪还将以上海世博会为背景,采取美剧《六人行》的风格,选择6位在上海学习和工作的孕妇,以博客群的形式传播她们的故事。

赵浦透露,公司的快速发展也引起了私募股权基金(PE)和风险投资(VC)的注意,其中包括红杉资本、智基创投等著名的资本巨头,纷纷向"有喜工贸"抛来"橄榄枝",希望以股权投资的方式介入,分享中国孕妇装市场的发展。不过,赵浦认为品牌需要不断积累,首先应该把线下的实业做扎实,而不会贸然地拔苗助长。

在品牌营销领域,赵浦以胆大、善谋、精细著称。世博会开会前一年,地铁广告商DMG提出在世博会期间广告费上涨1.8倍。所有人都认为这个决定太离谱,尤其是已经签订的多年合同怎么能突然涨价。赵浦反其道行之,他主动找到广告商,以当时价格的1.7倍签订了两年合同,而三个月后世博期间上海地铁广告价格涨至六倍。

他曾经为了投广告,一个人在上海来来回回地坐地铁,上车下车寻找最好的广告位,仔细比较各种地铁广告之间的前后关系,津津乐道于"把竞争对手的广告都收拢到自己的笼子里来"。

"广告投入能够直接拉动销售。将销售额的10%拿出来投放广告是值得的。"赵浦说,而在行业内,这个比例可能只在3%,甚至更低。

在成功塑造品牌之后,赵浦开始热衷于将"十月妈咪"引导为一家类似于Zara的服装公司。2004年的时候赵浦到西班牙ISEC商学院拜访,他问教授为什么西班牙

品牌Zara不将生产转移到中国来,而是留在了西班牙?教授的回答是,时装的气候因素对服装企业影响很大,对于时间的精准把握直接影响了产品的成本。

赵浦由此了悟了流程成本控制的方法。十月妈咪自有工厂的一百多名工人专用于弹性精益生产,一旦出现了季节性的补单,这家工厂可以一个上午就出整批衣服,从而迅速弥补不同地区的缺货口。而如果将补单放到其他工厂里,可能需要一周后才能出来整批订单,这种生产管理的方式用于气候变化版图巨大的中国市场有着独特的优势。

目前,十月妈咪的生产中80%以上为代工,仅有的不足20%的生产由自己的工厂生产。目前赵浦的工厂仅有100多人,而且他坚决反对再扩大工厂的规模。

"扩大以后管理难度加大,因为公司管理和工厂管理完全是两套模式。"赵浦说,在这一百多人的工厂里,他采取整件车工的模式,也就是说一件衣服由一个工人完成,完全抛弃了流水化运作。

"很多人说你为什么不做JIT,引进流水线操作,但是那都是把人当作机器来考量。而实际上,我期望未来我们将不再是一家服装公司,准确地说,我们是一家TMT公司。"赵浦反复强调这句话。"你注意到没有,在地铁电视里的十月妈咪广告,都写的是十月妈咪驾到!在专业人士看来违背广告原则:第一没有提及产品,第二没有任何属性。但这就是我想要塑造的概念,未来,十月妈咪是一种认同和体验。"

"我们一直在诉求一个性价比最好的产品。我们不是价格最低的,但

从品牌、设计、面料各方面而言，我们要做性价比最好的产品，最终这个价值链将形成一个平台。"

这与赵浦十年前建立代理平台还是塑造自有品牌的犹疑完全不同，这是一次螺旋式的上升。他认为，在没有品牌的时候，多元化意味着丧失自身竞争力。而在品牌成熟之后，如何建立平台，迅速整合多个品牌资源，实现线上与线下的资源整合，是下一个五年需要面临的最大挑战。

赵浦一再推迟上市的时间表。当年签订投资协议时，红杉要求三年内，即2014年上市。而赵浦最终将时间表推迟到2016年，"我需要在上市前解决三个问题"。赵浦称，这三点在于建平台、打周期和夯实基础。他希望将目前的孕妇装业务转而成为集孕妇、儿童服装以及多个孕童服务的平台。

"未来几年，终端零售额会从十亿到五六十亿，十月妈咪将会在孕童领域进入高速增长。"赵浦看到的机会不再仅仅是一个品牌的机会，而是一个整合平台的机会。

2011年底，十月妈咪在电商平台上做到了近7 000万营业额，预估2012年电商平台销售额超过两个亿。对于一个细分市场而言，电商销量超过三个亿，意味着这一品牌实现了对这一市场的绝对垄断。从目前的趋势来看，十月妈咪这一目标触手可及。而他的目标是：做到全国最好。

第四节　"十月妈咪"品牌

品牌介绍

"十月妈咪"所属公司上海有喜工贸有限公司是国内专注于女性分众市场的服装品牌运营公司，是国内较早引用职业经纪人制的专业公司。

公司拥有目前国内顶尖的专业设计、营销团队,团队成员都具有良好的教育背景、资深的规模大公司及流通领域的从业经验。

公司在上海建立了3 000平米的设计研发中心和营销中心,在杭州十月妈咪logo拥有5 000平米的仓储物流基地。公司专业设计队伍根据妇女孕期的生理、心理特点,以新型的面料、时尚的款式,加上精良的工艺、专业的制作,开发出适合各季穿着的孕妇时装及内衣系列,填补了孕期妇女美扮自我的缺憾。目前公司旗下已拥有在国内孕婴界颇具著名度的品牌——"十月妈咪"。

"做一个孕味十足的女人。"公司本着孕期及产后妇女供给最美打扮的目的,推出高品德全线孕产妇系列产品,如防电磁波孕妇时装哺乳睡衣、孕、产妇文胸、内裤、产检裤、托腹带、束腹带、专用丝袜等。公司在推广产品的同时,也重视孕妇特别文化的建设,公司旗下的妈妈教室正在紧张准备之中。

> **品牌名片**
>
> "十月妈咪"是中国一个知名的孕妇装品牌,其形象代言人为小S。该品牌不仅致力于孕妇装的设计与开发,还注重孕婴文化的建设。

杭州未来妈咪服饰有限公司在国内独树一帜地建立孕妇时装概念,加上引导孕妇着装的重大变更,引起了国内媒体的普遍关注。

目标消费者

"十月妈咪"是浙江的品牌,定位为中高档孕妇装,是目前国内孕妇装比较高端的品牌,走商场路线,产品风格比较偏向女装品牌的简单大方,北方市场走得比较好,其定位也比较适合北方高收入人群选购。

品牌风格

公司因时利势地导入加盟连锁的现代营销手段,在国内设立了10个以上大区办事处,在全国100多家大型高中档商场设立了形象专柜及店中店,同时在全国大力发展特许经销商和特许专卖店,销售网络遍布全国三十多个省市。公司内部逐步实现了计算机联网管理,形成了一个包含数

据、物流管理、售后服务等完善的市场销售支持体系。

14年专注积累

"十月妈咪"初创于上世纪90年代末,14年的积累,已然成就国内孕妇装的领袖地位。顶尖的专业设计团队,始终在产品理念和设计上引领潮流,遍布全国的600多家时尚店铺,在保证销量绝对领先的同时,更以贴心的服务受到消费者青睐。姊妹品牌"有喜"(UKI)以青春孕妈的品牌个性完全区别于"十月妈咪"的"个性辣妈";2011年9月开始代理的意大利殿堂级孕装品牌"Pietro Brunelli"更是完美地占领孕妇装领域的顶级高端市场。三大品牌,定位三类个性孕妇,以细分和专注成就孕妇装行业领袖。

引领孕妇装"时装化"

"十月妈咪"在国内率先将"时尚"元素引入孕妇装设计,使孕妇装摆脱臃肿平凡的刻板印象,让女人生命中最重要的十个月成为最美丽的十个月。时尚化的孕妇装吸引了天后级时尚孕妈的注意,全国知名的综艺天后小S连续5年为十月妈咪亲身代言,进一步传递十月妈咪"个性辣妈"的品牌形象。

专业成就高品质

"十月妈咪"早于2009年就通过了ISO9001质量管理体系,ISO14001环境质量管理体系认证,更以超凡实力荣登2010年上海世博会特许生产商与零售商名录。尤其在防电磁波辐射领域,十月妈咪产品于2006年率先通过上海市企业的标准认证,随后作为全国电

风投看中孕妇装产业

"十月妈咪"商业模式的标准化、成长性、可复制性以及稳定、持续的赢利能力和良好的管理能力,得到了有关投资方的认可,双方也在一些关键的问题上基本达成了共识。而引进PE或VC,对"十月妈咪"的发展将起到很好的推动作用。

磁屏蔽材料标准化技术委员会的创始委员，以及上海电磁辐射协会副会长单位，直接推动国家质量技术监督标准的建立，始终站在消费者权益保障第一线。

品牌与企业共成长

2008年，获"驰名商标"殊荣，入围2008Zero2IPO-Venture中国最具投资价值企业100强；2010年，连获中国杰出营销奖、中国连锁金麒麟奖"最具投资价值品牌"、快公司TOP10等荣誉；2011年5月，红杉资本、贝加资本主动垂青，与十月妈咪牵手成功。十月妈咪预计3年内上市，为国内孕妇装行业再创新标杆！

第十章　华服大师曾凤飞的传奇

人物名片　　比起他的成就,他多年的坚守同样动人;比起他的声誉,他不倦的追求同样耀眼。从一个出生在贫困家庭的闽东渔家子弟,到今天站在最高舞台上的顶级服装设计师,曾凤飞凭借非凡的毅力和对设计的执著,付出了比常人多得多的艰辛,在"为他人做嫁衣"的过程当中,也把自己设计、裁剪成了一件优秀的作品、一个品牌。

第一节　走近人物

个人简介

曾凤飞,福建霞浦三沙人,48岁,厦门圣达威服饰有限公司设计总监、中国服装设计师协会时装艺术委员会委员。1994年毕业于中央工艺美术学院服装设计系,后任教于福建工艺美术学院。2001年至今就职于香港爱登堡(国际)制衣发展有限公司,现任首席设计师,中国服装设计师协会会员。

曾获得2003年上海"中华杯"国际服装设计大赛金奖,最高工艺奖和优秀奖,2003年11月26日荣获第九届中国十佳时装设计师称号,2004年荣获上海国际服装设计师协会颁布的"成就奖",2006年度中国十佳时装设计师十大设计师年度排行榜第5名,2006年被上海服装行业协会授予"中国服装设计大师勋章"。

曾凤飞任服装设计有限公司设计总监,2006-2008年连续三届"中国最佳男装设计师",中国服装设计师协会理事,时装艺术委员会委员,亚洲时尚联合会中国委员会理事。2007年,获评《时尚先生》"最具风尚设计师大奖"。

> **曾凤飞男装**
>
> 曾凤飞以优秀服装设计师独到的敏锐,为中国男士设计了独特却不至出格,新颖却不失稳重,成熟却不乏个性的中式男装,令人耳目一新。将中国源远流长的美学理念融入着装搭配,让中式男装找到了超凡艺术与庸常生活的美学平衡点,让完美细节于无声处彰显不俗的文化品位。

2008年,自创"曾凤飞(FENGFEI·Z)"品牌。

主要业绩

1999年获中国(南宁)现代民族服装服饰设计大赛优秀奖;

2000年获上海"中华杯"国际服装设计大赛银奖;

2001年获世纪星光首届中国儿童服装设计大赛金奖、铜奖;

2001年获"大连杯"中国青年时装设计大赛金奖;

2002年获第四届"益鑫泰"中国服装设计最高奖提名。

人物履历

曾凤飞,1964年出生于福建霞浦三沙三澳村,13岁那年,父亲离开了人世,一家担子全压在了母亲身上。懂事的他辍学了,去给一个渔民当学徒,一直以来都过着出海捕鱼的生活,直到1988年他才第一次离开家乡,来到厦门打工。当时的他白天在厦门大学的图书馆工作,晚上还要读夜校补习。虽然生活艰辛,可曾凤飞坚信只有知识才能改变命运。1991年,曾凤飞凭借执著的信念,进入中央工艺美术学院进修服装设计,从此开启了曾凤飞设计生涯的大门。1994年毕业后任教于福建工艺美术学院,并在厦门成立凤飞设计工作室,在其设计之路上开始默默耕耘。到1999年,曾凤飞在广西南宁举办的中国现代民族服装服饰设计大赛上荣获优秀奖后,看

到了希望和未来。

2001年–2005年任香港爱登堡（国际）制衣发展有限公司首席设计师；2004年–2008年任厦门圣达威服饰有限公司设计总监；2007年–2008年任法国卡锐仕休闲男装福建富荣美服装有限公司品牌总监。现任厦门凤飞服饰设计有限公司总经理、艺术总监，中国服装设计师协会理事，时装艺术委员会委员，亚洲时尚联合会中国委员会委员。受聘于福建师范大学美术学院、福州大学厦门工艺美术学院、闽江学院服装艺术与工程系和江西服装学院客座教授。

1999年至2009年十年间荣获上海"中华杯"国际服装设计大赛银奖、首届中国儿童服装设计大赛金奖、铜奖、"大连杯"中国青年时装设计大赛金奖、第四届"益鑫泰"中国服装设计最高奖提名、"中华杯"国际服装设计大赛金奖、中国时尚大奖年度最佳男装设计师奖、中国十佳时装设计师十大设计师年度排行榜第5名等荣誉数十个，第九届（2008年）、第十届（2009年）连续两届中央电视台CCTV模特大赛评委，并连续三届荣获中国最佳男装设计师，2009年当选福建"八闽之子"。

2011年9月29日，"曾凤飞中国服饰艺术沙龙"于北京新光天地购物中心3层VIP室举行，央视著名主持人姚雪松主持了本次沙龙，众多文化名流及曾凤飞品牌高端客户应邀出席。现场嘉宾也给予此次艺术沙龙极高的评价，认为曾凤飞中国服饰艺术沙龙的主题探讨具有非常深刻的意义，并希望今后能有更多此类的交流。

曾凤飞的成功

曾凤飞从渔民到中国顶尖设计师，一路走来的艰辛，我们可想而知。可他却有着一种不服输的精神，一种执着攀登的毅力。曾凤飞用他的人生启迪着有梦想的年轻人，永远不要轻视自己。曾凤飞也用他的成功令我们相信命运掌握在自己手中。让我们期待更多的福建人成为我们的骄傲，更多的年轻人努力追梦、圆梦。

第二节 曾凤飞高飞之路

涂鸦少年

金色的沙滩,是明净的画布;晶莹的贝壳,是天然的画笔;自由的海鸟,是随手拈来的题材。海的儿子曾凤飞,最难忘怀的涂鸦岁月,虽然在那段日子里伴着苦难,但对美的向往与对画画的热忱,为曾凤飞的少年时代,添了一抹色彩。

三澳,霞浦县三沙镇的一个小渔村。1966年,曾凤飞就出生在这里,一个渔民的家中。

曾凤飞终身难以忘记,13岁那年,父亲离开了人世,一家担子全压在了母亲身上。

懂事的他辍学了,去给一个渔民当学徒,那时,他才念到小学三年级,连自己的名字还没学会怎么写。

像当地的渔民一样,年幼的曾凤飞过起了"靠海吃海"的艰辛的捕鱼生活,但这段日子在他的记忆中却留下美好的影子。在海边何时出海是看潮水涨落而定的,有时天摸黑他就要驾着小舢板出海打鱼,有时出海还会遇上狂风骤雨。

海风、阳光把他的皮肤晒得黝黑,那个时候,在海上漂泊一生就是他可以预见的未来。

也就是那时候,海的壮阔、夕阳西下的美景,开启了对美的渴望与追求。

"不可否认,我对美的感悟有些天赋的成分,我的成长经历也少不了无师自通的环节。"曾凤飞沉思着说。

不出海的日子,是曾凤飞最为自由而悠闲的时光。他会尽情地在沙滩

上涂鸦,金色的沙滩,是明净的画布;晶莹的贝壳,是天然的画笔。他会把出海时藏在心间的美景画到沙滩上:自由的海鸟、美丽的夕阳、壮美的大海、辽阔的蓝天,总之他觉得什么漂亮就画什么。

在绘画的世界里,他总是那么的快乐。

> **龙 吟**
>
> 2012春夏男装系列在新一季的男装设计中,曾凤飞选用了"龙"这一最具中国特色的符号进行创作,设计师巧妙地将"龙"的元素暗藏在织物中并且使用时尚的色彩搭配,将这一最为普遍的中国元素运用得淋漓尽致,整场秀完美地展现了"龙吟"这一主题。

他还记得那时的狂热,村里来了放映队,放了几场戏,他觉得七仙女特别美,便开始喜欢上画戏子。于是,美丽的云鬟、曼妙的衣裙都成了他画的样板。

也许,就是从那时起,古老的民族情结就在他心里扎下了根,至今他服装设计中,深郁的民族风、中国情成了主打元素,许是与此时对美的感悟有着不解之缘,最终,连皮影戏都被他借鉴到了服装设计中去。

当时的曾凤飞虽然很痴迷于画画,但那时只是为了解解闷。在他18岁那年,村里来了一个写生的大学生,"素描"成了曾凤飞头一个听说的绘画术语。

他的心中燃起了对未来的憧憬,期盼着有一天能出去感受外面世界的精彩。

追梦青年

像那个年代的青年一样,曾凤飞迷上了路遥的作品《平凡的世界》,在真实、顽强、上进的主人公孙少平身上,他找到了共鸣,找到了自己。

奔向大城市的愿望,在这个"身在农门,不甘于农门"的青年体内越烧越旺。

终于,他从三澳这个小渔村来到厦门,打零工、做裁缝,他尝尽生活甘苦,但他明白自己所做的一切都是为了圆自己的梦想。

"要到大城市去寻找一片属于自己的天地"的想法,在这个20岁出头的青年心中扎下了根。

1988年9月的一天,曾凤飞孤身一人背着行囊,踏上开往厦门的列车,开始追梦之旅。

从未出过远门的他连普通话都不大会说,连自己的名字都写不完整。"曾"字下面到底是"日"还是"月"?他不清楚。

"我要特别感谢厦门大学的陈马宝老师。"事隔多年,曾凤飞依然感动,陈老师是他的老乡,一次她回老家时无意中看到他的画,见他天资聪颖又勤奋好学,很是感动,特意让她的爱人在厦大图书馆为他谋了一份临时工。

于是,一有闲暇,他就泡在图书馆里,看画册,看大师作品,开阔艺术视野。

走出霞浦后,身处高等学府的图书馆,又一个梦想,在曾凤飞心中发芽,他想成为一名大学生。

他意识到学画是一条通向成功的捷径,而且自己有这方面的长处。幸运的是,他从建筑系秦长安老师和美术系李维祀老师那里学会了素描方法,他将少时练就的随性画风,同都市教授的学院派风格相融合。也就在这时,他从老师口中得知中央工艺美术学院是一所很好的学校,于是这成了他的奋斗目标。

在学画的过程中,他先后报了厦门一中、八中、五中的补习班补习文化课。

1990年,26岁的曾凤飞参加高考,在志愿栏中填上了中央工艺美术学院。

结果,他的专业成绩大大超过录取线,但是,4门文化课的分数加起来只有59分,曾凤飞落榜了。那段时日成了他人生的低谷。

像那个年代的青年一样,曾凤飞迷上了路遥的作品《平凡的世界》,在

真实、顽强、上进的主人公孙少平身上，他找到了共鸣，找到了自己。

平凡的人，历经苦难，领悟生活的基本要素，站稳自己，让思想去飞，肆意去奔放，有自卑有落泪的日子，走过，变成记忆，变成财富，锻炼出不羁的灵魂。在书中他感悟着人生的道理。

> **唤觉——大牌味道**
>
> 从柔软的纱线，从粗实到精细，越来越多的图解风格，从镶嵌到印花，结合乡土自然风情，他以娴熟的设计手法驾驭服装流行的风格，大胆的正面缝迹和防撕裂的耐磨拼缝与尼龙织带装饰，静止的顽皮的图案图标，奢华手感的针织衫，简洁的服装款式与复杂的手工工艺，以及腰间金属的腰带装饰，体现大牌男装的品质。

"我觉得和少平很相似。"事实证明了曾凤飞的顽强，当时他每月的收入只有60元，但他还是坚持攒下钱，以备念书之用。

当第二届考试时，他优异的专业成绩引起中央工艺美术学院的注意，同意破格招他进服装设计专业进修。"做一名服装设计师"成为曾凤飞新的梦想。

从中央工艺美术学院进修回来，曾凤飞明白要实现远大的理想，当下必须先理智地面对现实。得先谋生，才能再图发展。他开起小裁缝店维持生计，将从学校学来的设计理念，融入服装设计的实践中。每天晚上小店一关门，曾凤飞就投入自己的设计世界，缝纫机的"吱吱声"常常通宵达旦。

虽然，此时的曾凤飞在中国设计界默默无闻，但他没有浪费每一次设计的机会，每次看到顾客满意的笑容时，他都感到是一种莫大的成功，他明白自己在一步步地向自己的梦想靠近。

进入爱登堡

2001年，爱登堡(中国)有限公司的老板田启明先生几经周折找到曾凤飞，邀请他担任"爱登堡"的首席设计师。从没做过男装设计的曾凤飞慎重考虑了半年后最终加盟。

谁知进去才知道做男装设计着实不容易。男装的变化少，不容易出彩,尤其注重细节方面的设计。

在刚刚进入"爱登堡"公司的一段时间里,曾凤飞的设计四处碰壁,往往是自己特别满意的作品在市场上卖得不好,甚至卖不出去!大量的货品积压到仓库里。

他承受着巨大压力,开始寻找落差和出路,究竟是什么原因使得理想和现实有如此大的差异?于是他静下心来想了许多,走访了不同的城市,去感受各地的男装市场。终于发现了现实生活中的男装与凭想象用艺术手法创作的男装大不相同。

> **触觉——国产面料**
>
> 曾凤飞用的面料全是国产的,而且坚信很多国产的面料无论是材质还是加工工艺上都有很大的发展潜力。从他的夹克装选用精细的急斜纹织物、轧花整理棉布、高级绒毛织物等面料可窥一斑。

艺术品可以有成千上万个人来欣赏,一个人买就可以了。服装则不同,1000件衣服要有1000个人来买。国内的消费群体决定了服装厂家的生产方向。

举个简单的例子,一件100元和1000元的服装含金量是不同的,不是做不出好的服装,而是中国大众的眼光和消费能力影响了生产厂家,作为一名成熟的时装设计师要明白这个道理,设计要有弹性。于是他开始了最初的放弃,放弃一些表面浮华的东西,放弃一些个人主义色彩,努力设计出贴近市场且有特色的产品,并对每件设计的面料、版型、辅料、颜色精益求精,力求做到最好。

曾凤飞在产品设计上的自我转型对当时的"爱登堡"来说意义非同小可,为"爱登堡"在竞争激烈的男装市场赢得先机,"爱登堡"在全国各地的销量不错,市场反应良好,这与曾凤飞追求简单实用的设计思路是分不开的,他从不设计那种走下T台就被抛弃的服装,设计出适销对路的产品才是他的目标。

在长期的市场竞争中,曾凤飞努力使自己的设计意识跳出"作秀"的框框,深入市场学习,不断适应日新月异的需求变化。"设计师要不断为企业带来效益,才能在企业中生存,从而延长自己的设计生命。"曾凤飞如是说。

给个不穿阿玛尼的理由

2008年7月,曾凤飞离开厦门圣达威服饰公司。离职前,他担任圣达威服饰公司副总经理兼首席设计师。"我的创业路线和目标都比较清晰。"

曾凤飞说,创立"FENGFEI·Z品牌,用中式服装向世界传播儒家文化的底蕴。"

这是一个中国顶级服装设计师的使命。曾凤飞说创业目的并不是为了钱,凭着中国最佳男装设计师等光环,可以让自己及家人衣食无忧了。这样的使命感在他心中藏了多年,有一回,他去国外参加服装周,发现中国的设计师都在用西服参加时装周表演,服装周里没有中国元素,曾凤飞备感失落。

"在世界的舞台上,什么样的载体能展现中华文化?你穿上唐装、旗袍,这样的展现就不言自明了。"曾凤飞立志要创立和阿玛尼一样高端的中式服装品牌。

于是,曾凤飞创立了"FENGFEI·Z"品牌,品牌贯穿了"中学为体,西学为用"的设计风格,将目标定位在一群自信独立、对中国文化有独特见解、有品位的男士消费群上。2008年8月,凤飞服饰首家店进驻厦门磐基酒店奢侈品商场;当年9月,凤飞服饰第二家店落户北京星光天地商场。

政要、明星、企业家等是"FENGFEI·Z"品牌的目标客户。当李连杰、尤小刚等巨星着"FENGFEI·Z"服饰参加金鸡百花奖时,曾凤飞感到骄傲。听到明星的反馈说"曾凤飞你让我找到了不穿阿玛尼的理由",曾凤飞油然地涌上几分成就感。

> **面料设计同样出彩,传承传统工艺**
>
> 作为中国流行面料评审会评委之一,曾凤飞非常重视面料的成分、花色,对于面料的设计,他同样得心应手。棉、桑蚕丝、羊毛这是FENGFEI·Z男装常用材质,更是FENGFEI·Z男装事业迅速拓展的重要基石。

单干方知创业艰难

即便是创立了属于自己的企业，曾凤飞的名片上仍印着设计总监这个头衔。

他对设计充满着热爱，他唯一的兴趣就是看看自己设计的草稿纸。不过复杂的公司事务已慢慢蚕食着他的设计时间。

曾凤飞以前单纯的设计师生活已经被彻底改变，作为一个企业管理人，要面对方方面面的压力。

在员工管理方面，企业要为员工办理医保社保，也要面对员工的加薪压力，丝毫不能掉以轻心。企业还要面对主管部门压力，创业初期，某部门打来电话，电话里对方语气不佳，曾凤飞听了不爽就把电话挂了。事后朋友告诉他这种部门的电话是不能挂的。

"有太多的事情要处理，像资金、上货、财务问题、社交……我之前做设计师根本不用操心这些事。"曾凤飞摘了下黑色的眼镜，眼睛里透露着几分疲惫。

初尝创业路上的艰苦后，曾凤飞方知自己是创业路上的小学生。他偶尔也会回忆起之前单纯的设计师生活，在爱登堡服饰公司，他初识男装设计内涵之路。

在圣达威服饰公司，他懂得了如何设计男装打动时尚界。创立凤飞服饰公司，他想树立一个中国男装标杆，即使工作再忙，他每天都坚持给自己的设计兴趣留出3个小时。

曾凤飞面对记者

使命很伟大，路途很艰辛。"如果重新选择，你还会走这条创业路吗？"记者问他。"如果再做一次选择，也许不会了。"曾凤飞说，"可我现在不想放弃，我经常会收到客户的反馈，他们给我写信让我坚持下去。"

找合伙人比找老婆还难

一年多的创业路程，他悟出了设计师和艺术家的区别：艺术家是独行侠，不需要去衡量生活的平衡点；但设计师不一样，要去考虑生活的平衡点。

曾凤飞经历着单纯的艺术家到设计师的心境变迁，他在寻求着服装设计和公司发展的平衡点。

"FENGFEI·Z"品牌定位于高端男装，每套衣服售价约万元。旗下两家门店也已积累了数十位高端客户。但若要做和阿玛尼一样的品牌，这样的规模相差甚远。所以他要寻找事业发展的平衡点，寻求合伙人一起发展事业。

对于合伙人的选择，让曾凤飞感到痛苦。他甚至认为"找合伙人比找老婆还难"。

"凤飞服饰缺资金，但不是来者不拒。"曾凤飞说。有的意向投资者要的是规模，这样的理念和曾凤飞并不一致，他要把握开店节奏来维持这个高端品牌，毕竟每一件衣服都是纯手工打造，精品如果发展快了就失去了特点。

第三节　曾凤飞传奇背后的力量

魅力中年

2006年，曾凤飞年届不惑。这一年，他被评为2006年度中国十佳时装设计师，年度排行第5名；还被上海服装行业协会授予"中国服装设计大师勋章"。

曾凤飞，在中国服装设计界，已是"响当当"的三个字。功成名就的他，在接受采访时，从不避讳他是渔民的孩子、小学三年级还没毕业，笑容依然真实、淳朴。

他乐于从京剧的服饰和唱腔中得到服装设计的灵感，他一如既往地坚持民族风、中国情的设计理念，文化的积淀让这个中年男人的周身散发出魅力。

立领白衬衣，黑白条纹便裤，简洁而休闲。年届不惑的曾凤飞，周身散

名人名言

"我爱欣赏音乐,尤其喜欢京剧,经常从京剧的服饰和唱腔中得到服装设计的灵感,艺术讲究个性,这种个性源于我们的民族文化。"曾凤飞说,在成功光环下,曾凤飞继续着自己的民族、时尚的尝试。

发着时尚的气息。许是对少时在"七仙女"、皮影戏中,被美丽民族服饰吸引的情结,从曾凤飞成为设计师的那一刻起,他对民族风的服饰设计情有独钟。

1999年,他获得了人生中的第一个奖项———中国(南宁)现代民族服装服饰设计大赛优秀奖,这更坚定了他对民族风服饰设计的信心。这次获奖,令这个默默无闻的设计师一举成名。曾凤飞笑谈:从此之后,得奖成了惯性,每年至少拿几个国内乃至国际大奖。

2003年,曾凤飞获得上海"中华杯"国际服装设计大赛金奖、最高工艺奖和优秀奖,也就是这一年,他跻身"第九届中国十佳时装设计师"的行列,他命运也随之改变———应邀担任香港爱登堡制衣发展有限公司任首席设计师。

随后,他成为厦门圣达威服饰有限公司设计总监。他连续5年作为设计师在北京举办中国男装流行趋势发布会,受到国内外媒体的关注,迅速成为服装界的风云人物。

蓝色的毛线背心,在红色衬衣的映衬下,显得更加明快,左胸口上的几朵繁花,透着浓浓的中国风和休闲气息,一副黑墨镜,一席灰色头巾。这是曾凤飞,在2006圣达威秋冬趋势发布会上,带给"中国男人"的时尚。

在稳重的风范中,用亮丽的色彩吸引中国男人。2006年底,曾凤飞再次带着他的作品,踏入北京中国国际时装周的殿堂。

曾凤飞把远古的图腾绘上了T恤领口,把书法嵌入衣服的胸口,他运用了咖啡褐、深海蓝、紫罗兰、中国红等东方传统经典色彩,结合香云纱和棉麻面料的怀旧气息,完美地诠释了中国传统文化的强大魅力,呈现出一种全新别致的美。

在他的笔下,凝重的黑、轻灵的白、经典的红、单纯的绿,结合流畅的

线条,用以体现粗犷豪迈的男性力量。他用丰富的色彩、独特的剪裁,引领2007年春夏男装的休闲时尚。

《中国服饰报》等专业报刊称圣达威为中国服装界的后起之秀,闽派服装的代表,一个致力打造具有中国文化内涵的时尚品牌。而作为该公司的设计总监,

名人语录

从渔民到国内顶级服装设计师,曾经青涩而老土的他,设计出了最时尚的服装。曾凤飞完成了他的涅槃。回想自己成功的经验,他说:"我的生命中只有一件事———不停地思考。"

曾凤飞更以对色彩高超的运用能力,及民族风与时尚风编织交融中隐约可见些许经典民族风格,让这一品牌服饰备受关注。

如今的他,作为国内外有名的服装设计师,他的梦想已经不是在国内服装界扬名,而是与国际级的大师同台,展示他的作品,赢得更大更有分量的成绩。当然,他会一如既往地坚持民族风与中国情的设计理念。

曾凤飞,这个海的儿子,用他的传奇叙写了一曲美的乐章。

思考的力量

在众多人看来,服装设计师这个职业,总笼罩着一圈神秘的光环,特别是知名的服装设计师,他们的成果在聚光灯和鲜花、掌声中显得那样夺目。

作为一个设计师,他们无论取得多大成绩,走下台后的每一天都要耐得住寂寞。曾凤飞说他的生活很简单,他每天忙到凌晨两三点才睡,不抽烟不喝酒不K歌不玩游戏不聊QQ。他最大的"娱乐",就是逛专卖店,这是为他下一阶段的设计做准备的,他要观察店面的装修、服装的定位、服装主辅料的搭配,以期取长补短,获得设计灵感。

每设计一套新服装,都是一个精细的思考过程,从主题的确定到面料和辅料的选择搭配,他要画几百张设计稿,一个扣子、一处褶痕都要反复修改几十次。

可以说,他随时随地都处于一种思考的状态之中,在他的包里,永远装着白纸、铅笔、橡皮擦,只要有好的想法就记下来,随后再仔细看,好的就运用在下一次的创作中,这就是他不断创新的一个小秘方。

我们的确在曾凤飞身上,看到了思考的巨大力量。这令我们想起了前段时间看的一部美国畅销书《积极思考的力量》,序言中吕茨-卡尔顿公司CEO霍斯特·舒尔策说的一句话———目的明确、精力充沛、努力工作、态度积极的人是企业获得成功的唯一最重要的因素。而他曾以这样的状态工作,获得了美国产品质量最高荣誉奖———美国国家质量奖。

他没有一夜成名的传奇故事,十余年的设计生涯他靠用心积累和不断努力平实地走过,用他的话来说:"这是个挣扎并妥协的过程。"所谓天道酬勤。

曾凤飞的责任

曾凤飞是个固执的人,对于工作,这样的评价名副其实,他追求任何设计的尽善尽美,只要有一样细节没完成,他会坚持到凌晨两点,如果两点没完成他则会坚持到四点,甚至是天亮,尽管集高血压、糖尿病于一身,他还是一样熬夜一样忘记吃饭;他就连住院都不安分,他会在病房修改一张又一张的图纸,连护士看了都无可奈何。对于设计,他就是固执得如此义无反顾。

曾凤飞还是一个负责任的人,如果说他对设计的执著是源于热爱或者生存需要,那么他废寝忘食的付出则是出于责任心。他总是说设计不同于画画,画家画的画,也许一千个人看只要一个人买,画家的价值就得到了体现;而时装设计师不一样,必须是一千个人看、一千个人买你的服装才行,否则,企业就要亏本,所以设计师就是

大师穿衣原则

在时尚大师曾凤飞的穿衣原则排行榜中,排在第一位的是"舒适健康",第二位是"自然自我",之后,时尚的效果便水到渠成。他说:"服装不存在绝对的美与丑,因为每个人的气质和风格不同,所做的选择也应该不同,选对了,自然就美。"

设计市场利润，"底下有那么多的人跟着你吃饭，老板那么支持，我不能负他，万一设计的产品卖不动，成千上万的人都要跟着倒霉，那种责任是大得无法用语言来形容的"。

从不做昙花一现的作品，更不做一下秀台就被抛弃的服装，因为市场才是服装设计师最根本的东西。

作为国内唯一每年举办两场时装发布会的设计师，花费非常多的精力和物力，曾凤飞一直在尽自己的微薄之力推动中国服装设计业的发展。而其所作所为不求任何回报，唯一的目的就是为中国的服装设计业提供更多更好的合作交流平台，希望中国的服装设计可以茁壮成长，尽快走进国际市场。

从产业的创新、原创技术和设计能力上，创造具有中国元素的自主品牌，然后带领我们自己中国元素的产品挺进国际市场，这是他的愿望，也是作为一名中国设计师代表的责任。

2000年，还处在经常捉襟见肘的艰难创业阶段时，也许是10年的渔民生活让曾凤飞过早体验到了生活的艰辛和知识的重要，从那一年开始他已经在尽其所能地去回馈社会，到2004年为止四年时间共收养了13个贫困山区孩子，资助他们完成学业。

曾凤飞在汶川地震赈灾中表现突出，分别被中国服装设计师协会授予"5·12"地震赈灾先进个人称号，厦门市工商联(总商会)授予"我们和你在一起"抗震慈善行动奖牌。

曾凤飞的发展

从1999年参加南宁的少数民族服装设计大赛获得平生第一个奖项，到2006—2008年连续三届"中国最佳男装设计师"奖得主，曾凤飞获奖无数，被公认为对中国男装设计

> **曾凤飞名言**
>
> 历史之所以让我们有许多感动，就是因为那些经典画面已经定格成卷，让人经久回味。时尚领域中的每个民族传统元素都是偶然与必然的结果，时尚与生活休戚相关，他流动于设计与艺术、时间与空间、民族与个人。

有着不可替代的贡献,享有"时尚大师"的美称。

1995年从中央工艺美院学成归来后,曾凤飞成立了自己的工作室,开始了白手起家的职业生涯。

2002—2004年担任福建爱登堡服饰有限公司任品牌总监,2002年荣获石狮市首届"十佳"外来专业技术和管理人才称号,并加入中国服装设计师协会。

2003年,他将上海国际服装节"中华杯"安莉芳"国际内衣/沙滩装设计大赛的一枚金奖收入囊中,该金奖作品《蝶恋》同时荣获最佳工艺奖,同时抱回的还有最佳优秀奖。

至此曾凤飞的荣誉填补了福建在服装界的空白。2004年元月被聘为中国人民政治协商会议第四届石狮委员会委员,同年5月被聘为闽江学院服装艺术与工程系客座教授。

2004年正式加入"圣达威"任品牌总监后,曾凤飞重新整合各方资源,完善研发部门,每年至少为圣达威设计上千款的作品。并以超常的胆识带着作品代表圣达威品牌首次参加中国国际时装周,获得中国国际时装周品牌大奖。

市场是考察设计师的标准,圣达威的终端窗口用业绩证明了消费者的认可,曾凤飞系列设计帮助圣达威夺得了全国市场,并从一个起步品牌一跃发展为中国最佳男装品牌。

2007—2008年,受邀担任法国卡锐仕休闲男装福建分公司品牌总监。

2008年开始自创"FENGFEI·Z"品牌。

从一个出生在贫困家庭的闽东渔家子弟,到今天站在最高舞台上的顶级服装设计师,曾凤飞凭借非凡的毅力和对设计的执著,付出了比常人多得多的艰辛,在"为他人做嫁衣"的过程当中,也把自己设计、裁剪成了一件优秀的作品、一个品牌——"凤已高飞"。

曾凤飞的贡献

曾凤飞以多年的积淀，创造出了属于他特有

的服装语言。他走遍中国的大江南北、文化名城和民俗山区，寻找出许多代表中国传统文化的艺术元素，并将它们系统地整理和融入自己的作品。于是形成了如今我们见到的一组组震撼时装周的充满中国味的服装。

从将来自厦门的"圣达威"打造成中国最佳男装品牌并夺得全国市场，到自创属于自己的具有中国传统经典文化内涵和国际时尚风范的"FENGFEI·Z"品牌，曾凤飞以弘扬中国文化的强烈使命感，从中华五千年传统文化中汲取经典，探索出一条以中国元素为核心，"中学为体，西学为用"的男装设计风格路线，在男装设计群里，这种风格为数不多。

着力提升新中国男人对中国传统文化的审美认知和着装品位，从穿着中体现出新时代中国男人的素养与品位，让每个中国男子穿出时尚，穿出经典，穿出魅力，这不仅是自己和公司的价值的体现，也是中国整个男装设计业的价值体现。

曾凤飞高级时装订制独树一帜，已成为国家政要、著名人士、商界精英、演艺名人等参加重要活动的不二之选，以飞快的速度在上流社会广泛传颂。

2006年应第四届世界合唱比赛主委会和第十届厦门9.8中国国际投资贸易洽谈会主委会邀请，先后为两次盛会设计官方礼服；在2008年的绿色与人文奥运中，他提倡的把中国文化元素融入礼仪服饰中，用现代时尚传扬中华五千年文化，让世人领略到中国传统文化的儒雅风格和博大精深，并以此荣获北京奥运会礼仪服饰设计奖。

个人理念

"男人穿衣要自主"是曾凤飞最倡导的原则。他坚决反对男人把服装选择权全权委托给老妈、老婆或女友。他认为,男人要对自己的穿衣风格有概念,确定适合自身性格气质和职业身份的着装,"穿出自己来"才能以放松自信的心态去迎接诸多挑战。

很多男士认为服饰搭配问题很头痛。曾凤飞提供了一条简易搭配原则:选择统一沉稳色调的着装,然后再加入纯色的单品来提亮,既稳重大方又不乏时尚气质。另外,男士在购买服装及配件时,要注意使自己的衣橱风格往多元化的方向发展——既有适合正式场合的,也有休闲运动风格的。这样一来,组合搭配时,不同风格的服装都可以找到相应的包和鞋子,从整体上打造协调的着装风格。

对于经常差旅的"空中飞人",曾凤飞介绍了一个"差旅服装选择窍门"——西装只需一套,但不同风格的衬衫和领带要带上三四件,用不同的搭配组合,来应对不同场合的需要。

视觉理念——条纹T台

将T台造型的设计与流行趋势的发布紧密结合。曾凤飞认为强调夏威夷的热带风情已经OUT,黑色也不流行,时尚的趋势是在条纹里度假。最受欢迎的是具有手工制造的柔软,做旧的旅行装风格;或是闪亮的条纹,大量的条纹麻布,不规则的比例,都是这季衬衫的设计重点。那么条纹的T台和条纹的背板也应该是匠心独具的休闲男装秀中最IN、最酷的装饰了。

第十一章　探秘邱光和的财富轨迹

人物名片

　　邱光和是一位富于传奇色彩的人物,他以高瞻远瞩的战略目光、稳健诚信的经营作风闻名商界。

　　他正站在世界的高度,把目光放得更远,把标准定得更高,着重从产品研发、供应链管理、终端渠道建设、信息化建设和信用体系建设等方面全力提升,强化国际竞争力,着力打造百年品牌,为立志"做世界最好的休闲服"创造了美好的未来。

第一节　走近人物

人物简介

　　邱光和,1951年11月10日出生于浙江省温州市瓯海,高级经济师,中共党员。现任森马集团有限公司董事长兼总经理。世界温州人联谊总会第二届理事会副会长,浙江省优秀中国特色社会主义事业建设者,浙江省关爱员工优秀企业家,温州市优秀共产党员、温州市功勋企业家。

人生经历

1961-1968年瓯海娄桥中学、温州农中读书;

1969-1973年南京部队某部服役入党;

1974-1984年瓯海娄桥农机厂厂长书记；

1984-1995年瓯海家电公司经理；

1996-现在森马集团有限公司董事长。

个人成就

1973年退伍返乡后，曾担任过温州市瓯海区娄桥农机厂厂长；1981年，他凭借对市场的敏锐和独到的见解，独资创建了一家家用电器公司。

1996年末成立了森马集团有限公司——以虚拟生产、连锁经营休闲服饰为主导产业的多元化集团公司。公司将"创大众服饰名牌"作为发展的宗旨，积极推行特许经营发展模式，休闲装和童装品牌连锁网点遍布全国29个省、市、自治区、直辖市，形成了完整的市场网络格局。

集团公司现有行销企划、生产设计、人力资源、财务管理、行政管理、营销管理等六大中心，四个全资公司、十个分公司，拥有休闲装"semir森马"及童装"balabala巴拉巴拉"等两个知名服装品牌。森马积极开拓"虚拟生产、品牌经营、连锁专卖"的非常之路，以"形象第一、服务第一、代理第一"为经营思想，切实奉行"企业与员工共成长"的原则和"小河有水大河满"的经营哲学，为员工营造良好的发展空间，做到共享利益、共创繁荣，实现企业与员工双赢的目标。强强合作是森马持续发展的强劲动力。

最初的梦想

15年前，邱光和结束了电器公司，想学习佐丹奴做一家服装企业。现在，邱光和的森马服饰(002563)市值360亿，相当于5个佐丹奴。

自2002年以来先后与法国著名设计公司、奥美广告公司以及用友公司展开积极合作，使集团的核心竞争力和整体实力均得以迅速提升。更好地诠释森马崇尚青春、活力、奔放、健康的品牌文化。

正是凭借着开拓进取、不断创新的拼搏精

神,森马创造了无数优异的成绩。

森马由默默无闻而发展成为浙江省著名商标、浙江省知名商号,并跻身全国服装行业"双百强"、中国成长百强企业,已连续六年荣膺"中国民营企业500强"称号,当选中国服装协会休闲装委员会副主任单位。森马产品先后被认定为温州市名牌产品、浙江省名牌产品、国家休闲服饰最高等级一等品。

此外,童装"balabala"品牌荣获"2004年中国最受欢迎的十大童装品牌"、"浙江名牌产品"等称号。在不久的将来,森马集团必将成为国内乃至国际极具竞争力的知名品牌!

获得荣誉

他先后荣获"浙江省劳动模范"荣誉称号、"全国五一劳动奖章(状)"、全国"各民主党派工商联无党派人士为全面建设小康社会做贡献先进个人"、浙江省优秀中国特色社会主义事业建设者、浙江省关爱员工优秀企业家、温州市优秀共产党员、温州市功勋企业家等荣誉。主要担任的社会职务有中国服装协会常务理事、中国服装协会休闲服委员会副主任、浙江省十一届人大代表、温州市人民政府经济特约研究员、温州市工商联副会长、瓯海区企业联合会/企业家协会会长等,其事迹入编《创造世界的人》、《国际人才库·中国卷》、《中华当代英才传》、《党旗飘飘》、《共和国脊梁》等大型文献丛书。

第二节　缔造森马成长传奇

爱国者音箱,是森马的第一个"启蒙者"

邱光和1951年出生于温州市瓯海县。邱家当时是整个村子里最穷的一家，邱光和14岁便辍学下田干活，16岁入伍当了兵，可事实上，在部队的4年，邱光和的内心依然一直备受煎熬，每当传来母亲生病，弟弟小学毕业因为没钱继续读书而为生产队放牛等消息时，邱光和的心中便无比难受。说实在话，邱光和参军可能更多是希望通过军营的磨炼闯出一条新路，为家庭做些什么。

20岁退伍后，邱光和从部队回到了家乡，成了人民公社半脱产干部，负责过宣传、民兵、共青团工作，还受公社委派担任过社队企业的厂长和书记。

在那个割资本主义尾巴的年代，政治气氛十分浓厚，人与人的关系空前紧张，很多事情想避都避不了。

一个月40元的工资不能改善贫寒的家境，不甘受穷，渴望改变生活状况的愿望一直存在邱光和的心中。也就在这个时候，温州民营经济开始潮起潮涌，他再也按捺不住闯荡商海的激情。1984年，他和两个朋友一起创办了瓯海娄桥工贸公司。1988年7月，几个朋友开始分开，邱光和便创办瓯海家用电器公司。

时间追溯到1973年，邱光和退伍回乡后，担任了多年的村办厂厂长。后来一次在国内跑供销时，他偶然发现了一个信息：当地最紧缺、群众需求量最大的彩电、电扇等商品，外地货多滞销；而本地的"拳头"产品———鞋和旅行席等，外地多紧俏。

于是，他和别人一起创办了娄桥工业贸易公司，跑起了商品贸易，也因此被当地称为"瓯海贸易的新星"。

从那以后，邱光和创业的志向越来越大，不久就把生意做到了市区。他进城后，在当时温州小商品生意最红火的木杓巷口创办了市区首家民营家电公司———瓯海家电公司，并任总

艰难时期

邱光和与温州的许多企业老总一样，出身于贫苦的农民家庭，在他小学毕业的时候，父亲因为患病而丧失了劳动能力，可怜兮兮却十分执著的邱光和在农校、夜校作为编外的学生读完了初中和高中。毕业时，邱光和却连个毕业证书也没有，这个结局他是早就知道的。

经理。

接下来,他陆续在最繁华的解放南路、解放北路开了5家门市部,在全市城镇开设了80多家销售网点。邱光和依靠自己的勤劳和智慧完成了创业阶段的原始积累,家底达到2000余万元。

邱光和先是成为"爱国者"的华东区总经销商,后来还成了爱国者的代供商。

"爱国者落地音响的模具都是我开发的,模具开发后,找广东江门的一家计算机设计公司给我们代工。"当时,邱光和投资了50万,到香港把爱国者落地音箱的模具"开"到内地,委托生产,自己又在华东销售。

邱光和做家电的时候,虽然局限在温州地区,但已经有87家门店,门店并不是他的直营店,而且客户的店面,瓯海的家电只是其中经销的一部分。

"这就跟森马现在的销售模式、渠道模式有关,而且我在跟这87家老板不怎么紧密的合作中,有这么一个基础在那里,我1997年为什么会发展那么快,也是这些老板跟着我,他们说我转行,都跟我转。"

邱光和1997年2月25日拿到第一批货,但在那之前就已经签了27家加盟商,这些加盟商就是过去跟他一起做家电的,出于对他的信任,在还没有看到产品之前,早早签约了。

邱光和说"他没看到你的产品,没看到你是不是适合这个市场,你卖什么价钱,能不能卖掉他都不知道,他就跟着你,你干什么他跟你干什么。"这些跨行业追随邱光和的朋友们,是森马的基础。

后来因为一场台风,损失惨重,伤了邱光和的心,电器销售公司就此了结。有一段短暂的时间,他转战河南做

森马商标、图形释义

"森马"寓意"森立天地,马致千里","森"表示众多,取"众木成林立于天地"之意,其延伸意义是十年树木,百年树人,给员工提供良好的成长环境和发展空间,使之长成栋梁之才。"马"则代表着"热情奔放,勇于进取"的具有马的精神的员工团队。其标准色为草绿色,表示崇尚自然,和谐环境,追求快乐和希望。

房地产，然而那并非他特长，最终收获了一道深刻的伤痕。似乎是一朝被蛇咬，十年怕井绳。哪怕10年之后，中国房地产市场异常火爆，邱光和也毫无兴趣。

蛰伏之时，邱光和在市场上发现了服装品牌佐丹奴，其时这个品牌发展生猛，而模式又似曾相识。

一次到广州出差时，精心创牌的企业家邱光和被香港吹来的"休闲风"所吸引，从此走上了虚拟经营之路。1996年，他创办了温州森马企业公司，后来公司在此基础上逐步发展成长为以虚拟经营、连锁专卖性质的休闲服饰综合集团公司———森马集团有限公司。

对于虚拟经营，他团结了一切可以团结的伙伴，整合一切可以整合的资源，凝聚一切可以凝聚的力量。公司总部设立于浙江省温州市，旗下主推两大主力品牌分别为成人装"SEMIR"和童装"BALABALA"。森马成立时，正是中国服饰休闲化崛起的一年。邱光和做了市场调研，中国大概有将近2000种休闲服品牌，其中大部分也是采取虚拟经营，以品牌为导向。森马不过是两千大军中的一支。

"我是个生意人，家电利润下滑，转行做休闲服，也是出于生意人的角度，哪个行业好，哪个产品赚钱，就做

森马模式

"服装与家电行业也有共性的地方，服装的供应量体系，它的规模跟我当时做家电的规模是基本相符的。自己定供应链，定品牌，定产品的定位、风格、价格，这块都是自己掌握。我们的模式是，两头在外，轻资产运作，把短板外包，把长板做好。"邱光和说，森马其实是个品牌商，建设、管理、传播品牌。

哪个。"彼时，佐丹奴、班尼路在国内市场的好势头，让邱光和看到了一条大道。

技术、研发、设计方面，做家电时靠模具，要整合外部资源，进入核心技术，做产品也一样。"你看这个款式好，我们复制一下，或者说改良一下，起步肯定是这样子的。"

把森马品牌的定位风格融入到产品中，然后找委托人加工，加工后通过渠道销售，批发到每一个门店，最后与消费者见面，这两个行业的过程极其相似，可以复制。

"如果我不退出家电行业，很可能成为今天的苏宁。"邱光和自信满满地说。

1997年3月，森马在徐州开设了第一家专卖店，其后通过9年的不断扩充与发展，专卖系统遍布祖国大江南北，至今已在全国各地开设了1100余家专卖店和服务网点，成为继"佐丹奴"、"真维斯"之后拥有休闲服类最庞大的销售网络的实力企业。

到底要做一家什么公司

直至2009年，邱光和才清晰地提出了要做中国第一的休闲服品牌，要把森马品牌传播到每个角落。

1996年，邱光和的儿子邱坚强刚从部队退伍回家，在建行做事。邱光和同他说要办这样一个企业，不喜欢坐办公室的邱坚强立马辞职，与父亲一起创业。

森马的第一个"五年计划"，邱坚强参与的不多，他一直在广东，负责森马的生产与设计，"森马的生产在广东，整个研发团队也在广东，我很少回温州，大概一两个月回去一趟"。

"我们整个家庭的感情非常好，对我来说，尽孝是我觉得最关键的。"邱坚强从部队退伍，又去了广东十来年，真正待在父亲身边的时间不多，他尽量希望把企业做好，让父亲开心，这是他第一原动力。

2000年，森马的规模已经有10个多亿，从开始做一门生意，到了企业初具规模的时候，邱氏父子开始发觉，面临的问题不一样了。

"我经常跟父亲讨论，到底要做一个什么样的企业，你要做到多大？会有困惑，企业到了一定规模，面对很多问题，你要对很多人负责，你的员工、上下游、跟你业务生态有关系的这群人，你要怎么考虑？"邱坚强说，他知道森马会继续做下去，但做到什么时候，到底会达到什么程度，没有一个特别清晰的概念。

有质的概念，但没有量的概念，森马带着疑惑继续扩张。"那时去上海拿地，因为在温州企业很难扩张，人才到温州的成本很高，就决定要不要去上海，把办公室迁过去，迁的时候就在思考，你企业到底想做成什么样？"

邱坚强说："企业到底做多大？我父亲是比较坚定的，他一定要在服装行业，第二，迁到上海，做大做强。"

但直至2009年，邱光和才清晰地提出了要做中国第一的休闲服品牌，要把森马品牌传播到每个角落。

麦肯锡泼冷水

"他们否定了我的想法"，邱坚强当时还想把森马打造成中国的H&M，结果被麦肯锡泼了冷水。"应该是2009年我们跟麦肯锡战略合作之后，就比较清晰了。"这是一个比较完整的渠道面、产品面、品牌面，包括未来的多品牌发展战略的初步规划。邱坚强说，当时森马定在2014年，达到350亿的销售规模。

"当时做的一个大框架，现在我们也在回顾，矫正一些。谈了品牌发展，如何走信用市场做品牌，也谈了渠道，目前销售的理想标准与实际的差距有多少，还有就是市场的密度、覆盖率。"

麦肯锡数据支持与经验指导,清晰地提炼了森马的目标与方向。

麦肯锡简介

　　麦肯锡公司是全球最著名的管理咨询公司,在全球44个国家和地区开设了84间分公司或办事处。麦肯锡目前拥有9000多名咨询人员,分别来自78个国家,均具有世界著名学府的高等学位。

"麦肯锡国内外的极大资源,以及它同许多优秀的服装企业的合作经历,的确启发甚大。确实,森马所走的路,之前许多人也走过。"

"触动比较大的,比如在渠道开发过程中,它提出几个增量部分,比如门店标准,森马当时门店标准太多了,就等于没有标准。"麦肯锡分析了优衣库的案例,它只开两种店,750平方和1500平方。

"根据它的产品、供应链能力和组织,这是它最理想的评效。森马从几十平到几千平都有,产品、供应链、运营、品牌形象都非常杂,这里面可以优化。"

但是,麦肯锡对森马战略的矫正,曾令邱坚强难以接受。

邱坚强当时还想把森马打造成中国的H&M,结果被麦肯锡泼了冷水。"他们否定了我的想法,我不是很爽,到现在我碰到他们,也老是开玩笑说这事儿。"

在与麦肯锡的合作中,邱坚强也深切体会到了必须有合理的良性竞争。"森马的加盟店,除了港澳,几乎全开完了,每个省都需要几个代理商,这是我们未来要做的。"

邱坚强说,一省独大,它压力也很大,好则好已,不好,整个省都完了,这其中就需要3至4个代理商,形成良性的竞争,这些人在相对有序的环境下,把蛋糕做大,去调配资源让自己做得更好。

他认为:"在中国,还有95%的市场份额可以做,眼界放宽一点。不要受制于别人的做法、想法,没有自己的想法,你会迷失掉。"

上市带来的转型

邱光和家族控股森马服饰超过90%股权,然而,邱坚强一直强调说,我们不再是家族企业了。

森马的路演和其他民营企业风格迥异。"其他公司路演的时候，都是董事长或者总经理包揽发言，很多时候还是董事长兼总经理。而我们不一样，董事长和总裁都端坐在那儿，由职业经理人来介绍。"

"实际上，我都要求自己把自己当成一个职业经理人来做事情，譬如说，我有什么私事，我不能去找行政人员给我解决，我得要自己想办法去解决。"邱坚强说，尤其是上市之后，整个团队的思路都面临调整。

邱坚强继承了他父亲亲和、真诚和团队合作的基因。"其实我父亲很早就开始解决团队，我觉得它这个问题解决得蛮好。过程中，有很多亲戚，中间做了很多努力和调整，他还是蛮坚持的。回到公司，邱董做事情有个很好的风格，第一个，他对任何事情，只要他有落实，他就会去跟进和检查，职业经理人认为这个老板很敬业。第二个，这个过程中，任何决策之前，他会跟大家沟通，达成一致。"

他认为，职业经理人的有效参与，不是单单地扮演"执行者"，是公司融洽管理的关键。

转型的不仅仅是企业管理，还有价值观。邱坚强说，去年一年，父亲承受了非常大的压力，他希望上市成功后，父亲能放松一点，没想到反而觉得父亲压力更大，他也跟着压力更大了。

"说实话，父亲决心比较大，只是圆了他阶段性的一个梦。"邱坚强说，第一次股东见面会，有位股东质疑森马当天破发，一路走跌，说得比较严重，质问邱光和森马有没有大的动作，或者股东回购之类的问题。

"很难跟人解释。对我父亲来说，他希望所有买他股票的人都能挣钱，他其实不在乎自己，因为他对当时定的股价，根本没有这样的期望，不缺钱，不圈钱。"

不管是在温州企业界，还是邱光和的朋友圈内，他始终被认为是数一数二的好人。"对他来说，这是他的个人品牌，这么多年来，如果跟他这方

面的价值观产生冲突的话,他压力就会很大。"

"诚实守信是企业,尤其是我们虚拟经营企业长久不衰和保持旺盛市场生命力的有效法宝。"这是森马集团董事长邱光和掷地有声的发展名言,也是森马赢得市场和健康快速发展的制胜法宝。他说,诚信不是空洞的概念,而是资本,是财富,也是竞争力,企业只有讲诚信才可能获得牢固的战略合作伙伴,才可能有品牌形象的树立,才可能获得持续发展。

森马自创立以来,以诚信立业,以品牌树旗,确立"诚实守信,共谋发展"的经营主题,凭借成功的"虚拟经营、连锁专卖"的经营模式、值得信赖的产品质量以及优质的销售服务,树立良好的品牌形象,取得了市场的认同。

邱光和从企业长远发展的战略高度,确立了"以诚信回报社会,以优质的产品和服务面对消费者"、"以诚为本,真诚赢得万人心"的经营理念,为企业赢得了消费者,赢得了市场,并靠诚信拥有了广大的代理商、生产商和用友软件公司、韩国C&T公司联姻、国际4A公司上海奥美广告公司、法国PROMOSTYL设计公司等战略合作伙伴,共同铸就了森马今天的辉煌。

在森马的发展历程中有这样一则故事至今让森马人记忆犹新:记得那是1997年的事,是森马企业成立后的第二年。公司上下正在全力以赴做好迎接第一个夏装销售之战。总部设计的新款流行裤子,定量生产5万条,各专卖店都眼巴巴地盼着货到有一个好的销售。

产品从广东运到温州总部后,很快被配发一空。没想到裤子刚卖出去几条,就发现面料有缩水问题。很多代理商劝邱光和:"机不可失,季节不等

诚信的重要性

名牌产品本身就意味着诚实守信,这份诚信不仅仅是附加在你的产品,也附加在你的企业,同时也是企业对社会、对消费者的宣言。因此,他说:"未来竞争的关键不在于企业能生产什么产品,而在于其提供服务的优劣和多少;创名牌过程,实际上是提供名牌服务,树立品牌信誉的过程。"森马人很清楚品牌的内涵来自哪里。

人。这批裤子款式新、色彩好、价格适中,顾客特别喜欢,即使有些缩水现象,估计投诉的顾客也不会太多。"

邱光和望着大家焦急的目光,一把抓起缩水的裤子,严肃地问:"诸位,如果你们是顾客,如果你们怀着美好的愿望慕名来买'森马'的服装,遇到这种情况你们将是什么心情?你们将会怎样看待'森马'?我知道大伙的心情,我也知道季节不等人,但我更知道创立不久的'森马'更需要的信誉,是形象。产品质量是我们'森马'的命根子,我们不能为了眼前的利益,而损坏了'森马'品牌的信誉。"

邱光和果断决定,将这5万条夏季休闲裤全部收回,作为不合格产品退回生产厂家。

仅这一项,就使"森马"损失利润达30万。邱光和以此事为契机,更加强化了产品质量管理,投入大量资金购置先进检测设备,并加强对生产基地的质量监控,真正把企业质量管理全面导入ISO9002国际质量管理系统,并于1998年开通了当时温州唯一一条由企业专门设置的消费者投诉专线,以此密切与消费者的联系,倾听他们的意见,自觉接受消费者的监督。

梁浩宇是森马合肥的代理商,提起经营森马品牌,他言语中透出喜悦:"经营森马品牌,我看重的是董事长邱光和崇德尚信的人格魅力,以及森马丰厚的'共赢'文化,这是我一生中最明智的选择,因为我找到了事业的支点。我非常信赖森马。"

邱光和在创业初期就积极推行"小河有水大河满"的诚信共赢文化,把代理商的利益摆在至高无上的位置。在这样的文化理念支配下,森马遍布全国的2600多家连锁店赢利率高达96%以上。

2002年,森马聘请国际奥美广告公司担任品牌管家,开始全面导入"360度品牌管理",倡导"穿什么就是什么"的品牌理念,分别从产品、声誉、顾客、卖场通路、视觉识别、形象等方面提升森马品牌影响力。同时,森马在产品设计上导入"IN的休闲生活概念",营造出森马品牌的时尚和阳

光。邱光和用诚信为森马夯实了发展基础,使森马屹立在中国名牌之林。

服装业首富

在2010年低端消费开启的元年,邱光和因森马服饰上市,超越美邦服饰的周成建,顺利晋身新的服装业首富。

纺织服装企业正如过江之鲫纷纷上市——登陆地从沪深港台到纽交所、纳斯达克,商业模式从传统制造到品牌运营、电子商务不一而足。

投中数据显示,2010年,这一板块计有17家企业IPO,数量之多创历年之最;其中9家登陆海外市场,8家登陆A股,它们之中既有恺撒股份、希努尔、搜于特等服装企业,也有来自家纺、制鞋等子行业的企业。

横空出世的森马服饰将服装企业上市推向了一个小高潮。2011年3月11日,在日本地震的同一天,森马服饰以45倍发行市盈率登陆A股,再次上演造富神话。以上市首日收盘价计算,其市值达到416亿元,以绝对优势超越美邦服饰,领跑A股、H股服装企业。森马服饰董事长邱光和以合计84.13%的家族持股比例,持股市值达到350亿元,一跃成为国内服装行业首富。

以人为本的"好家长"

森马创办10年来,邱光和不仅为员工办理了养老保险金、住房公积金、医疗保险金、失业保险金、生育保险金、工伤保险金、工会互助保险金"七金",而且员工每年有至少两次的外出旅游。在森马,经过股份制改造的巴拉巴拉(balabla)童装公司,使业务骨干共同分享了企业发展所带来的收益。2001年,邱光和推出"两个满意度"工程,一项是"代理商满意度"工程,另一项就是"员工满意度"工程。

第三节　森马集团

品牌介绍

森马是国内休闲服行业迅速崛起的领军品牌。森马集团有限公司以"创大众服饰名牌"为发展宗旨,积极推行特许经营发展模式,休闲装和童装品牌连锁网点遍布全国29个省、市、自治区、直辖市,形成了完整的市场网络格局。集团公司现有休闲装"semir"及童装"balabala"等两个知名服装品牌。森马集团有限公司于1996年12月18日创立于浙江省温州市,是一家以虚拟经营模式为特色,以系列休闲服饰为主导产业的无区域集团。公司注册资本为人民币2.38亿元,总资产达10多亿元,是温州市大企业大集团之一。

森马积极开拓"虚拟生产、品牌经营、连锁专卖"的非常之路,以"形象第一、服务第一、代理第一"为经营思想,切实奉行"企业与员工共成长"的原则和"小河有水大河满"的经营哲学,为员工营造良好的发展空间,做到共享利益、共创繁荣,实现企业与员工双赢的目标。强强合作是森马持续发展的强劲动力。自2002年以来先后与法国著名设计公司、奥美广告公司以及用友公司展开积极合作,使集团的核心竞争力和整体实力均得以迅速提升。2003年聘请了香港天皇巨星谢霆锋、2004年再邀TWINS加盟,用三位极富青春活力的歌影双栖明星作为森马的品牌形象代言人,以更好地诠释森马崇尚青春、活力、奔放、健康的品牌文化,使森马迅速地流

森马广告语

穿什么就是什么,既是"穿森马就是森马"的谐音,更是一句充满80后、90后气质的口头禅。一点无厘头,折射出崇尚个性、追赶时尚的新生代心态。拒绝跟风,在穿着和搭配上自作主张,乐于以百变的形象示人,在潮流中凸显个人风格。更重要的是,他们认为缺乏个性的装扮,即使有再好的时尚品位,也淡如白水。穿森马就是森马,就是新新人类真我本性。

行和走红。

品牌内涵

"森马"与"什么"谐音,穿什么就是什么,谐音为穿森马就是森马。森马服饰将伴随你的一身,也伴随你的一生。与森马同在,森马带给你的是卓越的品质,温暖的服务;穿森马服饰,会使你更显时尚活力,更具价值享受。森马因你而自信,你因森马而风采。

"森马"寓意"森立天地,马致千里"。"森"代表众多,取"众木成林立于天地"之意,其延伸意义是十年树木,百年树人,给员工提供良好的成长环境和发展空间,使之长成栋梁之才。"马"则代表着"热情奔放,勇于进取"的具有马的精神的员工团队。其标准色为草绿色,表示崇尚自然,和谐环境,追求快乐和希望。

森马快速发展

从产品设计到最终的零售终端,森马服饰将其森马和巴拉巴拉两个品牌的面辅料、成衣生产全部外包给加工企业,渠道以加盟为主、直营为辅,自己专注于高附加值的产品设计、品牌运营、加盟招商、渠道管理等环节。截至2010年底,森马、巴拉巴拉品牌分别与248、157家供应商建立了合作关系。在销售终端方面,截至2010年底,森马在全国共有6683家店铺,其中直营店仅270家,而加盟店为6413家,占比达96%。

目前,森马已形成了以温州总部为管理中心与配送基地,上海为研发、

有责任感的企业家

"企业家的内涵就是有社会责任感。"邱光和在致富思源时,努力肩负起一份社会责任。迄今为止,森马已为社会提供就业岗位3万多个,多年来还一直资助着浙江瓯海、永嘉、泰顺等地70多名失学儿童;为西部增添绿色,先后捐资1000余万元营造"温州林"、救灾扶贫、慈善捐款等公益事业。

物流基地,广东、平湖为生产基地的业务布局,营销网络遍布全国各地。2008~2010年,森马年收入复合增长率达到37%,净利润复合增长率达到50%。2010年底,森马收入达到62亿元,净利润达到10亿元。目前,森马服饰的两个品牌中,森马以1.0%的市场份额成为国内第二大休闲服饰品牌,仅次于美邦;巴拉巴拉更以1.1%的市场份额成为国内童装第一品牌。

上市为森马服饰戴上了耀眼的光环,也为邱光和家族的创富之路添上了浓墨重彩的一笔。森马服饰的实际控制人分别是邱光和、周平凡、邱坚强、邱艳芳、戴智约,其中邱坚强与邱艳芳是邱光和的儿女,周平凡与戴智约则是邱光和的儿媳女婿。上市后,由于家族持股比例为84.13%,邱光和家族身价为350亿元。

2009年开始,森马与麦肯锡合作,即制定了五年战略目标,预期到2014年,公司的终端销售将突破350亿元,成为中国第一和世界前20强多品牌服饰集团。

当前走势

为了打造一流的服饰品牌,森马将产品部设在上海,同时聘请来自世界时尚发源地——法国的流行服装咨询机构专门提供国际休闲服装潮流资讯,包括当季国际流行元素、色彩等,指导每一季森马服饰的设计风格,第一时间反应在森马服饰,无论是面料、款式、色彩上都引导时尚,展现活力,时时翻新,带动流行,形成SEMIR的风格特色。

森马休闲服饰已涵盖了T恤、毛衫、茄克、衬衫、风衣、马夹、牛仔、裙装、内衣、休闲包等十九大系列,消费者对象主打16~28岁的时尚年轻族群。产品追求个性化和独特的文化品位,打破传统,款式新颖、前卫,深受消费者的青睐。森马着力推行"森马是哈IN一族"的全新品牌定位,全力打造中国年轻市场的代表品牌。

森马品牌的目标消费群体为16~28岁的青春时尚一族,产品以系列

化、丰富化、时尚化完全演绎"穿什么就是什么"的休闲新主张。休闲、时尚、快速是森马不变的追求,森马正努力精心打造中国年轻市场代表性品牌。"创大众服饰名牌"的森马的宗旨,我们追求的是名牌产品,但在价位上走的却是能为广大年轻人接受的中价位路线。森马九年的快速发展,充分证明了这条高品质、中价位的"大众名牌"路线是相当成功的。

第十二章　郭培打造"中国的香奈儿"

人物名片

　　"一次美轮美奂的华丽亮相，每一次心潮澎湃的回眸凝望，每一次叹为观止的欢呼喝彩……"中国高级订制设计师郭培精心雕琢的璀璨华服，仿若神来之笔，尽显热情洋溢而又深沉内敛的东方神韵、绝代风华。她是中国最成功的高级定制设计师，也是备受争议的"山寨时装"风波的中心人物；她是三百多个裁缝、绣工的大老板，私底下则是个爱穿三宅一生、自称"两耳不闻窗外事"的小女人。

第一节　走近人物

个人简介

　　郭培，1986年毕业于北京二轻工业学校服装设计专业，曾任北京市童装三厂设计师，是各路演艺名人的御用服装师、北京奥运会颁奖礼服的设计师，是外国媒体眼中了不起的中国服装设计师，更是中国高级定制梦工厂的掌门人，十几年来坚守着对于完美的追求。1989-1995年任北京天马服装公司首席设计师。1995年被日本《朝日新闻》评为"中国五佳设计师"之一。

　　1997年创办北京玫瑰坊时装有限责任公司，任董事长兼首席设计师。

　　凭借扎实的设计功底和对服装事业的热爱，郭培已经建立起自己的高级时装王国,国家政要、影视明星、社会名流、企业精英等等在中国拥有最高地位、名望和财富的人们成为她最忠实的顾客,2008申奥代表团所有女成员的服装和每年春节晚会的大部分礼服设计都是由郭培来打理。

个人事件记录

郭培,玫瑰坊服装公司董事长兼首席设计师,中国十佳设计师,中国服装设计师协会理事,中国服装设计师协会艺术家委员会委员,中国第一代服装设计师,也是中国最早的高级定制服装设计师,她曾为很多出席重要的场合的人士制作礼服,春节晚会90%以上的服装来自她的工作坊。

郭培的作品在澳大利亚博物馆展出并被收藏,1998年4月与百福来时装公司合作参加国际服装服饰博览会,获最佳设计、最佳工艺等五项金奖、一项银奖,其作品被收入《中国21世纪著名设计师》一书,成为当今中国服装界的代表人物,此外她历经十年创办的玫瑰坊服装公司也开创了中国高级定制时装的先河。

郭培是中国第一批科班出身的服装设计师之一。四年的专业学习之后,她选择了天马服装服饰有限公司,成为旗下首席设计师。其公司产品的90%以上均由郭培设计,市场销售总额上亿元,天马品牌因此成为中国十大品牌之一。

郭培谈旗袍工艺

旗袍工艺是很难的,尤其是手工旗袍。最大难度就是滚边镶牙子。镶牙子讲求均匀、圆润,做到这点其实很不容易,而且要做280套,标准还要一致,更是难上加难。一个填心扣需要制作长达7个小时的时间,所以这道工艺也是非常难的,还要做到精准牢靠,难度可想而知。

这期间,郭培所设计的时装连续三届荣获"国际服装服饰博览会"服装金奖;1995年荣获首届"中国十佳设计师"提名;并被日本《朝日新闻》评为"中国五佳设计师"之一。

1996年,同样作为首席设计师,郭培加入了米兰诺时装有限公司。仅一

年时间，就为米兰诺时装公司创下了3900多万元销售额的纪录，"米兰诺"品牌也被市场普遍认可。

1996年10英国《ELLE》杂志介绍了郭培的作品。此后郭培即荣登中国十佳设计师之榜。同年郭培开始创建自己的公司——北京玫瑰坊时装有限公司。

身为总经理兼总设计师的郭培于公司创建之初应邀参加了1997上海国际服装文化"经典联想"著名时装设计师汇展，1997宁波"名师、名品、名模"时装节，均获得好评。

1998年4月与百福来时装公司合作参加国际服装服饰博览会，获最佳设计、最佳工艺等五项金奖一项银奖。

法国《ELLE》、美国《MarieClaire》、《世界时装之苑》、《风采》、《瑞丽》、《中国服装》等著名时尚刊物均刊登过郭培女士的专访及作品集萃，国内外多家电视台、电台、报刊等新闻媒体如"香港凤凰卫视中文台""亚洲电视""中央电视台""北京电视台""北京有线电视台""广东卫视""中国国际广播电台"《人民日报》《北京青年报》《中国服装报》《服装时报》等也多次对其进行宣传报道。

2006年中国国际时装周期间，郭培女士举办了玫瑰坊·郭培2007高级时装发布。2007年，郭培在07-08中国国际时装周再度上演"童梦奇缘"高级时装发布会。

第二节　"中国香奈儿"的成长之路

梦想之翼　开始起航

郭培自小就表现出了非凡的艺术天赋，从孩童时自己动手设计制作第一件衣服开始，她就与服装结下了不解之缘。上世纪80年代，郭培成为中国第一批服装设计专业的学生。她在中央美院学素描，在技校学裁剪，

郭培设计信条

如果一件衣服没有格调，就像一个人没有格调一样，就不会有价值。用心、用时间去完成的衣服，消逝的生命时间都融化在这件服装里，它自己就有了生命。

在生活中寻找灵感，在摸索中不断成长。

1986年，郭培毕业于北京第二轻工业大学，她是中国第一届服装设计专业毕业生。

她第一次成功举办了个人时装发布会"走进一九九七"，获得了热烈好评。同年，在现在的东华大学举办了个人发布会。

之后，澳大利亚著名纪录片女导演萨丽·英格顿要筹拍一部中国时装业现状及发展的纪录片，名为《毛氏中山装》，选择了郭培作为中国年轻设计师的代表，以其工作生活为主要内容进行拍摄。片子拍好后，在世界诸多国家放映，获得了巨大成功，更有海外媒体刊载了此项新闻，可以说这次拍摄为国外时装界了解中国架起了桥梁。同年，郭培的作品在澳大利亚博物馆展出并被收藏。

在为十大名牌之一的天马担任设计师期间，郭培"设计什么卖什么"，几乎没有库存。

她推出过肥大的萝卜裤，把用于出口的蓝底红花面料做成九分裤，很快，这样的款式满街都是。

郭培最畅销的一款作品被她戏称为"嬷嬷服"，在五年内卖出了50000件之多，"还不包括仿制品"。那是一款带帽子的大衣，中腰有两个兜，戴上帽子后活像教堂里的修女。为北京天马服装公司创造了39亿元的营销佳绩，使天马晋升为中国十大服装品牌。

此后郭培在1997年荣登"中国十佳设计师"之榜，其设计的服装作品连续多届荣获"国际服装博览会"金奖。中国服装设计师协会成立于1990年代早期，郭培是其最早的会员之一。

此后十年，她开始了在各大国产品牌任职的征途。时值改革开放中期，服装的款式得以改良，女西装和彩色西装相继出现，色彩和花纹大大丰富了市场。"那时几乎没有国外的潮流信息，只有一两本日本杂志，由于

人们太久没有见过变化,设计非常好做。"郭培坦言。

虽然在90年代就获得了30到50万的年薪,虽然每天走在路上至少能看到10个人穿她设计的衣服,郭培并不感到满足。"渐渐地,我觉得没意思了。有时候在我自己的货场,我会故意绕着走,因为我不想看到自己的设计,自己都觉得不好看。成衣做了10年,我特别想做一件漂亮的礼服。这还是我小时候的梦想。"

事实上,早在准备毕业设计时,郭培就有了制作大裙子的念头。她当时的想法是做一条婚纱,但至于怎么把裙摆撑起来,怎么把裙子做大,上了四年服装专业课的郭培一无所知。"我问老师,老师说他也不知道,让我去人艺,看话剧团的演出服是怎么做的。"郭培果真去了人艺考察,在那里她看到了很古老的做法:裙撑由一厘米宽的竹条制成,竹子裙撑外面包裹着棉布做的另一层裙撑,更外面才是真正的裙子。她突然有了一些领悟。结果,郭培缝制出了一条在全班26人的作品中最大的裙子。这也是她职业生涯的第一条大裙子。

十年出一条大裙子

1996年,带着在成衣时代积攒的60万存款,郭培成立了玫瑰坊。当我问她进军高级定制的初衷时,郭培的回答非常干脆:就是想做好看的衣服。

那一年,她的"走进1997"发布会为她再度获得了"十佳设计师"的荣誉;也是在这场秀上,郭培推出了继毕业作品10年后的第二条大裙子。

穿大裙子的模特叫李昕,后来前往法国发展,成为首个扬名国际T台的中国模特。"她在吕燕之前,眼睛不大,但身材特别好,肩宽47。我觉得她特别美,但别的设计师都不用她,觉得她不够传统美。我记

> **名人语录**
>
> 我觉得人生应该有理想,我的作品现在很多外国人看起来很惊讶。其实我之所以能做到这样的一种程度,是因为我觉得跟我们的传统文化,五千年,现在七千年的这种服装历史,应该是紧密相关。如果我不是中国人,我就做不出这样漂亮的作品。

得她在台上一走,裙子就翻起来,里面都是纱。"郭培回忆说。

李昕就这么飞去了巴黎,郭培则要继续走自己的路。她计划60万资金花上两年,即便一分不挣,也能开开心心享受两年,"大不了之后回去再做成衣设计师"。

支持郭培创业的原因还有一个:此时的她已经和曹先生结婚,他是台湾人,家族拥有一家纺织品面料公司。

"我不是女强人。"郭培宣称,"我的心中一直有条底线,大不了回家生孩子,反正我先生也能养我。直到今天,这个想法还是支持我勇敢走下去的精神支柱。"

当然,按照郭培的个性,真正把品牌做起来了,怎么会轻易放弃?她被压抑许久的创作欲望终被解放,看到好的面料就想买,大费周章地到上海、香港参加时装周,以至于60万不到一年半就用完了。

"当时我已经有了20多人的团队,不可能解散,所以一年后我觉得必须要挣钱了,要发工资。于是我开始给一些公司做产品开发,暂时忘了要设计大裙子那回事。"郭培继续道,"最难的是在98、99年,一家公司欠了我60万,等于我为他们白做了6个月,这怎么行?那个时候我怀孕8个月了还在打官司,连律师也不请。为什么要请律师?我肯定能赢啊!我相信自己说得清楚。"

在这段时间,玫瑰坊的定制其实只是朋友间的业务往来。郭培还一直被好奇而来的顾客质疑:怎么做一套衣服比买的还贵?郭培为自己定的价格是裙子不低于5000元。"我做成衣时一个款式的设计费是10000元,所以我当然很理直气壮。有的客人就说'我看你做出来是什么样!'我看人家答应得很勉强,就特别认真地做。你知道一般的裁缝是不可能打版的,而我从打版到试面料给她做了全套,和产品开发是一样的流程。那个客人一直跟我

> **郭培的理想**
>
> 我好多理想,最重要的我要推广嫁衣,做一个博物馆,我要把很多的服装通过这个博物馆的展示让更多人能见到,接触到。我相信用最美丽的设计能打动所有的中国人跟我一同做到传承,传承民族,传承文化,传承一切,作为中国人,这是很骄傲的事。

到现在。"

"大金"和"一千零二夜"

如今,玫瑰坊有高级定制顾客400人。郭培成功女企业家的身份(在玫瑰坊,人人都称呼她为"郭总")是否掩盖了她的创作实力?

2005年,郭培举办了第一场真正意义上的高级时装秀。那一年压轴的"大金"礼服,工时为50000个小时。此时的郭培已经知道如何做这么大的裙子了。

"还是要用裙撑,其实不像大家想象的那么沉,裙摆后面拖得很长,从腰开始有5米,线条非常美。我自认为是中国最会做大裙子的,我很能控制它们的轮廓和造型。"郭培笑说。

直到这一时期,她才认识到自己的定位。"有外国人看了我的秀问我:'你知道你做的是什么?其实你做的是我们说的高级时装,不是成衣。'我说:'真的吗?'"

"大金"之后,郭培觉得她可以做得更好。2008年,她再接再厉,推出"童梦奇缘"系列,婚纱拖到10米长,可郭培还是不满意。

"我想塑造一位皇后,但我做出来的都是童话里的仙子和公主,这大概和我当时怀着二女儿有关。在我看来,全世界最美的女人只有皇后。我想做那样一个女人。"

这才有了两年前"一年零二夜"发布会上传奇模特Carmen dell' Orfice穿的那身皇袍。郭培说:"Carmen的那套衣服是我整个系列设计的第一件。设计完我就愣住了,我在想谁可以穿呢?我在脑子里想遍了所有人,没有一个可以驾驭这套衣服。你能想象穿那件衣服的人长着一张年轻的脸吗?不可能。"

后来在上海某酒店的一本杂志上,郭培无意中发现了Carmen。"她穿着一件红色的衣服,背对镜头,侧着脸。我当时想,就要她,就要她!她太完美了,有了她我就成功了。"接近80高龄的Carmen从未来过中国,郭培曾一度对她的到来表示担心,怕她因服装重而穿不了。

郭培还清楚地记得Carmen和她的第一次对话。"她说:'我想问你一个问题,你这一辈子最想做的事情是什么?'我想这太好回答了,我就想做设计师呀。她听后说:'你和我一样,我这辈子最想做的就是模特。'我爱死她了!"

"赔本买卖"

90年代中期,中国时装行业还处在起步阶段,"高级定制"的概念在中国刚刚萌芽,人们甚至不知道什么是高级定制。但郭培却义无反顾地走进这块无人开垦的"处女地"。

有一天,某知名演员来找她做衣服,郭培将自己设计的衣服以低于成本7成的价格卖给了她,然而就是这次的"赔本买卖",却歪打正着地让她走上了高级定制之路。

"我做服装设计已经有二十多年,前十年一直在做成衣设计,那时总觉得有很多想法不能实现,无论你是多么有才华的设计师,也无法摆脱市场、顾客以及价格等诸多因素的限制。相反,高级定制却意味着整个世界都由你来掌握,让设计师在广阔的空间里自由发挥,创造出更多特立独行的作品。"郭培心有感悟。对她来说,高级定制不是一件衣服,而是一个梦想。

玫瑰坊——郭培的高级定制梦工厂玫瑰——旺盛、热烈、美丽,天生雍容高贵,凝聚着4000万年复杂并难以追求的血流基因。玫瑰在古罗马被视为君王威仪的象征。

一朵干枯的玫瑰,让郭培感悟到了曾经的辉煌;而充满情调的设计坊则带给了她更多的憧憬,以玫瑰命名,正因为人们爱她的骄傲,爱她浓郁的花香。于是"玫瑰坊"便成为了郭培编织梦想的摇篮。1997年郭培开始在属于自己的艺术殿堂里构筑起真正的高级时装定制王国,而"玫瑰坊"正如玫瑰花一般盛放在时尚的最前沿。

在玫瑰坊，每一件衣服都是量体裁衣，度身定做，高级定制的精益求精体现在每一个设计细节中。鞋无疑是服装最重要的配饰，玫瑰坊的鞋则通过90%的手工装饰，达到与礼服融为一体的视觉效果。此外，郭培还设立了专门的首饰设计

> **制定成本可变性**
> "高级定制"在今天的服装界仍然象征着身份与地位，它是为客人的特殊需求单独设计、裁剪、纯手工制作的时装精品，体现了专业设计师非凡的创造力，是唯一可以不计成本彻底追求完美的领域。

工作室，根据每位消费者的情况，综合其气质、容貌、身高、肤色和职业等各种因素，提出中肯的搭配意见。如郭培所说，玫瑰坊要让所有的到访者享受到"只属于一个人的尊贵"。

"我从来没有把自己当作一个商人，一个优秀的设计师在艺术创作中是不能有任何杂念的。"郭培坦率地表示，"有很多设计师都想拷贝玫瑰坊的模式，但是做第二个玫瑰坊几乎不可能。不是他们没有能力，而是他们必须要懂得牺牲，要敢于放下，这是很多人做不到的。今天的玫瑰坊就是在不断放弃自我利益的过程中，赢得了人们的信任和尊重。"

郭培讲述了一件以前发生的事情。一个生活拮据的歌手在玫瑰坊定制了一件衣服，在制作过程中，郭培发现原定的面料在染色上没有达到最佳效果，于是她决定换用价格高出数倍的真丝面料重新制作。当这位歌手满意地离开时，郭培笑了，她并没有说出这件衣服的制作过程，也没有因为自己亏掉了成本而懊恼，在她心中，让顾客穿上可心的衣服就是最大的快乐。

对于郭培来说，自己看着自己的作品总是有很多的遗憾，有很多的问题，并没有因为如此精细而庞大的制作而对这一作品百分之百的满意，然而郭培觉得它达到了她60%的期望。郭培至今也不舍得将它卖掉，这就是高级定制，在很多时候它是无价的，是用来欣赏的，因为在它身上记载了最珍贵的生活片段。

第三节　郭培与她的设计

设计风格

中式设计,是中国设计师的心结。太多人做,却太少人明白精髓。外国设计师面对中式其实没底气,可恨的是中国人更没底气。"比如老式旗袍,我敢保证没几个设计师弄明白。为什么宋美龄穿着领口紧箍的旗袍仍可自如挥杆?精髓在于领口和侧襟的玄机。"郭培讲。她为李少红的剧,买了十件古董旗袍,最后懂了。中式设计的语言有如老式旗袍领口,要的就是精气神。一味拷贝外国不如学会用自己的语言设计。

刺绣是郭培的顶级手艺,大气的凤凰涅槃和袖珍雕花都精致已极。郭培认为,好的设计师首先是一个会拿针的人,玫瑰坊的设计师,都必须先进车间缝纫。如果连针都没拿过,肯定不清楚怎么做衣服才最舒适。郭培定制之所以有价有市,就是因为每个设计师都有拿针的看家功夫。

高级定制的奥运之梦

由郭培设计的奥运颁奖现场的礼服极具中国特色,华丽而又脱俗。她所设计的三个系列的颁奖礼服,似乎也成了一条靓丽的风景线,吸引着众多国际友人的目光。它们在非常敬业和靓丽的颁奖小姐的演绎下,诉说着中国的传统文化和现代的交融,它们见证了一场场奥运健儿的风采。颁奖礼仪女装5个系列中,"宝蓝"、"国槐绿"和"玉脂白"都出自郭培的设计之手。

北京奥运会的闭幕式上,宋祖英和多明戈的合唱《爱的火焰》将闭幕式带入高潮。当

> **郭培谈高级定制**
>
> 高级定制是不断追求质的过程。服装的质是一种格调,如果一件衣服没有格调就失去了价值。服装是有生命的,当你用心去创造的时候,穿上它的人也一定能感受得到。精益求精,打造专属个人的尊贵。

晚两位艺术家可谓是星光熠熠。但是大家有所不知的是，宋祖英当晚穿的那件礼服上竟镶嵌了数万颗水晶。带有中国民间剪纸风格及东方绘画元素，加上中国红点缀的腰带，美丽又夺目。

为奥运颁奖礼服做"减法设计"

郭培擅长做礼服设计，所以初次交稿时交了两个系列6件成衣。在日后的修改过程中，遇到了诸多困难。一年间交稿四次，画了近百张设计图，作品经过七次交审和很多次专家评审，光样衣就制作了40多件，每件都是采用高级定制的做法。颁奖现场的礼仪服装要体现一种仪式感，特别华美的、作品级的服装不一定适合这样的场合。设计上不能完全突出服装本身，服装太花哨会吸引人的视线，不能让观众因关注服装而忽略了穿着者的工作内容，这点很重要。最初设计的一款带有腰封的旗袍，腰封很宽，为了突出女性的美丽与仪态风范。后来我们不断地对腰封做修改，腰封宽度一厘米一厘米地往下减，最终窄了三分之一。

在设计中郭培和她的创作团队尝试用过很多的颜色。很多色彩漂亮的服装因为考虑到镜头中的效果都去掉了。为了让服装在镜头上有更好的表现，设计上还增加了上身的刺绣并考虑过多种绣法。设计中要审核所有的因素，所以在设计上要不断地做减法。

设计是一种态度，对奥运的一种态度。郭培追求的是一种祥和大家庭的精神理念，世界一家人的态度。这不是凸现某个人设计风格和强势思维的时候，必须具有亲和力。她的作品随后受到了大家的喜爱和认同，也让世界看到了中国人的奥运态度。

郭培作为中国最早的定制礼服设计师，已经在高级定制的舞台上走过了十多个年头。她的作品代表极致奢华的女性梦想，代表了一种追求完美品质生活的态度，在天桥十年的高级定制秀场上，是郭培让我们看到了中国高级定制时装的方

> ### 郭培的伯乐
>
> 认识张也，郭培才算遇到了伯乐，据说张也逢人便介绍郭培，玫瑰坊的生意突飞猛进，吸引了周涛、董卿等一批央视红人捧场。

向和那不再遥远的梦想。而郭培也会继续坚守这份事业，正如她的誓言"如果有来生，我还会选择服装设计这个职业"。

20年一悟高级定制概念

郭培，中国时装界摇曳了10年的名字。作为中国最早的定制礼服设计师，她的作品代表极致奢华的女性梦想，成为国内一线女星最早接触的定制设计。80年代初，郭培从中国最早的时装学校走出，进入企业。几年间，自己的衣服卖了36万件。1995年她就获封"十佳"。但中国时装的第一个十年，无需震撼，无需高级定制。有一天，演员鲍蓉找郭培做衣服，她将给公司设计的成本除以3成交，歪打正着走上定制之路。又十年，郭培认为中国依然没有真正的高级定制。这次，她割舍了泉涌的灵感，从拿破仑的手枪开始，老老实实讲一个故事。以"轮回"为主题，以万物腐朽的颜色为主色，因为，"只有腐朽才会重生"。她终于发现"高级定制第一是高级面料，然后是一个灵魂"。